Elogios para *Un manual pa[...]*

«Perspicaz, práctico, alentador y, como siemp[...] [...]del niño en vez de simplemente cambiar el comp[...] [...]te proporcionará ayuda para la vida real: ayuda para las situaciones de todos lo[...] ¡Los padres tendrán este manual a mano!».

—KARL BASTIAN, EL KIDOLOGIST, FUNDADOR
Y PRESIDENTE DE KIDOLOGY.ORG

«Una lectura obligada para todos los padres, sin importar la fe o la etapa de la vida. Este libro está repleto a rebosar de estrategias prácticas que puedes implementar ¡hoy mismo! Con cuatro adolescentes, nuestra casa puede parecer un poco caótica. Estamos empezando directamente con las pepitas de oro del capítulo 15».

—ERIC Y JENNIFER GARCÍA, ASSOCIATION OF
MARRIAGE & FAMILY MINISTRIES

«Así como la Sabiduría ofrece una inestimable recompensa a aquellos que la encuentran (Proverbios 2.1–6 y 3.13–18), cada capítulo de este libro proporciona un cofre del tesoro según los autores van desempacando la sabiduría de Dios. Primero, Scott y Joanne explican *por qué* las familias se benefician cuando implementan los principios bíblicos. También presentan cincuenta principios que les explican a los padres *qué* hacer. Finalmente, sugieren con vehemencia modos prácticos de *cómo* padres y madres pueden implementar cada uno de ellos. Los lectores extraerán pepitas de plata y oro en cada página. ¡Yo lo hice!».

—MARK STEINER, PRESIDENTE DE DISCIPLELAND.COM

«La misión de la paternidad puede ser confusa y sobrecogedora. Como cristianos, no solamente buscamos que nuestros hijos se comporten adecuadamente: ¡queremos verles amar y honrar a Dios con todo su corazón! Pero, ¿qué hacemos, día tras día, para moldear los corazones de nuestros niños? ¡La Biblia tiene las respuestas! Ya sea que tengas niños pequeños o adolescentes, los principios derivados de la Biblia de este libro tienen el poder de cambiar a tu familia, ¡y a las generaciones venideras!».

—DR. ROB RIENOW, FUNDADOR DE
VISIONARY FAMILY MINISTRIES (WWW.VISIONARYFAM.COM)

«Como todo lo que escriben Turansky y Miller, este libro es, como dice ser, sólidamente bíblico y concienzudamente práctico. Las verdades que enseñan te convencerán, te desafiarán y te inspirarán para ser el padre que Dios te creó. Te verás a ti mismo y a tus hijos en las páginas de este libro. Presta atención y aprende de la experiencia y la perspectiva colectiva de los autores. Saldrás con estrategias que son eficaces, creativas, realistas y probadas».

—JON SANNÉ, PASTOR PRINCIPAL DE
CALVARY CHAPEL OLYMPIA

«*Un manual para padres cristianos* es otro maravilloso recurso de Scott Turansky y Joanne Miller. Como acostumbran, estos dos autores proporcionan primero un enfoque bíblico de la paternidad. El formato de este libro proporciona a los padres pensamientos cortos y de fácil lectura sobre estrategias clave de crianza. Trae la clase de consejos prácticos que yo espero de los fundadores del National Center for Biblical Parenting».

—KENNETH PRIEST, JEFE DEL EQUIPO DE LEADERSHIP
MINISTRIES, DE LA CONVENCIÓN BAUTISTA DEL SUR DE TEXAS

«Una perspectiva profundamente bíblica y magistralmente concisa para padres que se zambulle en las cuestiones del corazón que enfrentan todos los niños... ¡muy recomendado!».

—MICHAEL CHANLEY, DIRECTOR EJECUTIVO DE
INTERNATIONAL NETWORK OF CHILDREN'S MINISTRY

«*Un manual para padres cristianos* se aplica a todos los tipos de familias, incluyendo la familia tradicional, la monoparental, la ensamblada y aquellas en las que los abuelos se ocupan de los niños nuevamente. Es simple y fácil de leer y aun así su contenido es poderoso. Las técnicas y las ideas están divididas en capítulos cortos, lo que facilita tomar el libro y encontrar justo lo que necesitas en el momento exacto. Definitivamente recomendaré este libro a todas las familias monoparentales con las que trabajo y a los ministerios de niños que llaman buscando libros sobre la crianza».

—LINDA RANSON JACOBS, CREADORA Y EMBAJADORA DE
DC4K (WWW.DC4K.ORG), EXPERTA EN PADRES SOLTEROS

«*Un manual para padres cristianos* es sin duda un "factor de cambio" para muchos padres. Los padres aprenden un enfoque bíblico que apunta a moldear el corazón de sus hijos en vez de solo sus acciones exteriores. Este es un manual... práctico y riguroso... ¡que será usado durante los años de paternidad!».

—DR. ROGER THEIMER, PASTOR DE NIÑOS Y
COAUTOR DE *FAITH LEGACY SERIES*

«Como padre de cuatro niños y alguien que trabaja con miles de adolescentes cada año, puedo decirte que el enfoque de Scott y Joanne hacia la paternidad realmente funciona. Está enraizado en la Biblia y diseñado para crear un cambio a largo plazo, y lo hace. Y ha ayudado a crear paz en nuestro propio hogar. Nos ayudó a mi esposa y a mí a ministrar a las madres solteras con hijos problemáticos. De hecho, el enfoque de la disciplina basada en el honor es la base del componente de la vida estudiantil en nuestro programa Summit y ha conducido a cambios importantes en muchos adultos jóvenes. *Un manual para padres cristianos* toma los mejores consejos del National Center for Biblical Parenting y los convierte en soluciones a las que podrás acceder en menos de cinco minutos. Muchas mamás y papás se sienten desanimados y a punto de abandonar; *Un manual para padres cristianos* trae paz y armonía a su alcance, ayudando a los padres a preparar a buenos niños para un mundo desesperado por gente joven honesta y responsable».

—JEFF MYERS, DOCTOR Y PRESIDENTE DE SUMMIT MINISTRIES

Un manual
para padres
cristianos

Un manual para padres cristianos

50 estrategias para todas las etapas de la vida de tu hijo

Dr. Scott Turansky y Joanne Miller

Grupo Nelson
Una división de Thomas Nelson Publishers
Desde 1798

NASHVILLE   DALLAS   MÉXICO DF.   RÍO DE JANEIRO

Editora en Jefe: *Graciela Lelli*
Traducción y adaptación del diseño al español: *Ediciones Noufront /
www.produccioneditorial.com*

ISBN: 978-1-60255-959-2

Impreso en Estados Unidos de América
14 15 16 17 18 RRD 9 8 7 6 5 4 3 2 1

*Para todas las familias de Estados Unidos y de todo el mundo
que comparten el compromiso con la paternidad cristiana
y nos han inspirado para seguir adelante y desarrollar
soluciones a la paternidad prácticas y bíblicas.*

Contenido

Introducción

Desarrollando tu propia filosofía bíblica de la paternidad

Estás sujetando un libro de ideas. Como padres necesitamos todas las ideas que podamos encontrar. Cada hijo es único, y las mismas herramientas no funcionan con todos. Además, las ideas de crianza que tuvieron un impacto el año pasado puede que necesiten algunos retoques, porque tu hijo continúa desarrollándose y cambiando. Las sugerencias de este libro te ayudarán a ser un mejor padre.

Pero necesitas algo más que ideas. En la crianza, las ideas se encuentran a montones. Todo el mundo tiene una opinión de lo que es mejor cuando se trata de la paternidad. Probablemente tú tendrás ahora más ideas de las que puedes utilizar. Lo que quieres saber ahora es *cómo*. Estoy seguro de que todos los días pones en práctica una pizca de algo de ese cubo de ideas. Las ideas son fáciles. La puesta en práctica es difícil, porque es ahí donde las cosas se ponen complicadas. Cada niño es único, y cada familia tiene su propio conjunto de dinámicas. Los padres están deseosos de saber cómo tomar ideas y ponerlas en práctica. Vamos a ayudarte con eso.

Pero vamos a hacer más que ayudarte a aplicar los cambios. Cada capítulo de este libro puede contribuir a tu filosofía bíblica de la paternidad. Una filosofía es un modo de pensar, un marco de ideas y teorías. Nuestro objetivo es ayudarte a desarrollar una estructura bíblica desde la cual tú seas capaz de tomar y escoger de entre los consejos y sugerencias que recibirás a fin de que determines la mejor estrategia para tu hogar. Tejiendo a la vez la Palabra de Dios con aplicaciones prácticas comenzarás a desarrollar patrones que marcarán una tremenda diferencia en tu vida y en la de tus hijos.

Pablo advierte en Colosenses 2.8: «Mirad que nadie os engañe por medio de filosofías y huecas sutilezas, según las tradiciones de los hombres, conforme a los rudimentos del mundo, y no según Cristo». Ese aviso es importante para padres porque nuestro mundo está lleno de ideas, y muchas de ellas son poco útiles, ya que descansan en la tradición en vez de en la divinidad. En vez de eso, puedes desarrollar una filosofía parental que esté basada en una sólida teología de Dios y en su plan para la vida.

Algunos elementos de una filosofía bíblica de la paternidad serán iguales para todos los padres. Depender de la Palabra de Dios como la autoridad, pasar la fe de padres a hijos y enseñar a los niños a vivir vidas que sigan a Cristo son cosas importantes en todos los hogares. Pero muchos elementos de la filosofía bíblica de la paternidad diferirán de padre a padre. Algunos enfatizarán un enfoque más relacional donde otros serán más firmes. Algunos niños necesitarán más estructura que otros para avanzar.

La formación de un acercamiento único y aun así bíblico a la paternidad provee a los padres de un modo de pensar y actuar adaptado a su situación familiar. Las ideas representadas en los capítulos de este libro guiarán tu pensamiento. Puede que elijas enfatizar algunas más que otras. Deja que el Espíritu Santo te guíe para desarrollar tu enfoque único. El factor común es la dependencia en la Palabra de Dios para el desarrollo de nuestra propia filosofía de la paternidad.

Además, harás ajustes sobre la marcha según vayas creciendo en Cristo. De hecho, antes de que avances mucho en este libro te sugerimos que crees una rápida lista de acción, un recordatorio de lo que quieres *hacer* según vas leyendo los capítulos. Junto a tu lista de tareas, sin embargo, esperamos que crees una lista de *pensamientos*, identificando las claves principales y los conceptos que usarás para guiar tu pensamiento con el tiempo. Cada elemento de esta lista representa una pieza de tu estrategia, un modo bíblico de pensar en la paternidad y trabajar con los niños. Juntos te ayudarán a formular tu propia filosofía bíblica de la paternidad.

En esencia, desarrollarás una declaración de misión y una visión para tu hogar y para cada uno de tus hijos.

Según vayas considerando los principios de este libro, te encontrarás abriéndote camino por un estilo de crianza. Permitirás que tu personalidad se moldee según un marco bíblico y un enfoque desde la gracia y el corazón. Al final estarás creciendo más rápido de lo que imaginas en tu capacidad para ser padre con eficacia.

Ten en cuenta que un enfoque para ser padre desde el corazón implica pensar, planear *y* poner en práctica estratégicamente. Una idea solo es una idea hasta que toma alas y vuela hasta tu hogar. No es suficiente con tener una buena idea. También querrás planificar para su implementación. Esa es la razón por la que muchos de los capítulos que siguen contienen palabras específicas que puedes usar en tu familia. Nuestro deseo es ayudarte a transformar buenas ideas en una aplicación práctica que dé forma al modo en que tu familia se relaciona. Según vayas formulando tu propia filosofía bíblica de la paternidad, por favor, ten en mente estos principios:

1. Comienza con una oración, pidiéndole sabiduría, gracia, paciencia y perseverancia a tu Padre celestial. Alaba a Dios por los progresos y los destellos de madurez que ves en tus hijos.

2. Construye sobre una base bíblica. Lo primero y más importante, la Biblia es la autoridad. Es impresionante cómo muchos pasajes de la Escritura se aplican a la familia. Considera la Biblia como el manual de entrenamiento de Dios para la vida, y descubrirás muchísimas verdades bíblicas que impactarán en tu crianza. Todos los capítulos de este libro contienen un texto bíblico para guiar tu pensamiento y moldear tus ideas.

3. Piensa a largo plazo. Mantén la perspectiva ampliando tu campo de visión. Las interacciones diarias son parte de algo mucho más grande. La mala conducta ocurre en patrones que revelan problemas del corazón. Corregir cualquier ejemplo puede integrarse en una estrategia mayor para conducir a los hijos hacia la madurez.

4. Recuerda lo que es más importante. Céntrate en esas cosas y deja el resto para otro momento. Para ser mucho más estratégico en tu enfoque, evita la «paternidad reactiva».

5. Observa las variaciones de un tema. No se trata solo del momento. Se trata de la vida. Muchas veces los desafíos que enfrentas ahora encajan dentro del conjunto más amplio del cambio que se necesita.
6. Céntrate en el corazón. Desarrolla planes de crianza que ayuden a los niños a superar las barricadas internas a largo plazo, no solamente problemas actuales de comportamiento.

Más que ninguna otra cosa, queremos que este libro te desafíe a pensar bíblicamente, valorar tu situación, hacer ajustes en tu crianza y ayudar a tus hijos a seguir adelante. Hemos compilado una lista de cincuenta principios para padres que creemos que son lo mejor que hemos visto en años. Hemos trabajado con miles de familias y hemos impartido cientos de seminarios sobre paternidad. Hemos iniciado muchos estudios bíblicos y proyectos de investigación. Hemos recibido decenas de miles de formularios de comentarios. De todo esto, hemos descubierto cincuenta estrategias que pueden marcar una diferencia significativa.

Con la información de este libro creemos que serás capaz de desarrollar un marco personal para el éxito en la paternidad. Con pensamientos y planificaciones estratégicas, encararás los desafíos diarios con mayor perspectiva, más motivación y la confianza de que estás avanzando en la dirección correcta. Recuerda que Dios es el único que cambia los corazones, tanto el tuyo como el de tus hijos, así que lee este libro con actitud de oración, permitiendo a Dios que te hable de tu relación con él y de lo que quiere para ti y tu familia.

Nuestra oración es que encuentres esperanza y sabiduría en las siguientes páginas. La paternidad es un viaje que requiere toda la sabiduría de la que dispongas, pero tener una filosofía bíblica de la paternidad en orden te ayudará a navegar a través de los desafíos con mayor facilidad y más confianza en la gracia de Dios que obra en tu vida.

Los padres a menudo se desaniman porque no pueden ser consistentes. Se sienten fracasados. Es hora de repensar algunas de las suposiciones subyacentes propuestas en muchos de los enfoques de la paternidad. De hecho, la verdad es que...

LA COHERENCIA ESTÁ SOBREVALORADA

«MI MAYOR PROBLEMA ES QUE ME SIENTO CULPABLE cuando no puedo ser consistente. Todos los libros sobre crianza que he leído hablan de la importancia de la consistencia, pero yo voy de acá para allá, haciendo cosas, y mi marido hace de padre de un modo diferente a mí. Me siento como si fallara porque no puedo ser consistente como me gustaría». Charlotte tiene tres hijos de once, siete y cuatro años. La mayor parte de las veces lo hace bastante bien, pero le atormenta una sensación general de culpa cuando las cosas van mal. La voz que hay dentro de ella le dice que los problemas de sus hijos desaparecerían si ella fuera más consistente, ¿pero es esa realmente la respuesta?

Todos hemos escuchado que la consistencia es la clave para una buena crianza. Pero muchos padres creen que es más importante de lo que realmente es. Si simplemente estás haciendo una modificación de la conducta, entonces la consistencia es esencial. Dar la recompensa o el castigo cada vez que ves la conducta reforzará el cambio.

La modificación de la conducta es una ciencia que comenzó a principios de 1900. Ivan Pavlov hizo algunos descubrimientos interesantes mientras trabajaba con perros. Si hacía sonar sistemáticamente una campana justo antes de alimentar a los perros, al final podía hacer que los perros salivaran solo con el sonido de la campana. Su descubrimiento de cómo motivar a un perro fue tomado por John B. Watson en la década de 1920, y comenzó a aplicar la modificación de la conducta en personas. De hecho, no pasó mucho tiempo antes de que la modificación de la conducta se convirtiera en el modo principal de ayudar a que la gente dejara de fumar, perdiera peso y lidiara con una multitud de cuestiones conductuales.

Con el tiempo, la modificación de la conducta influyó también en las clases, y los profesores lo usaron para ayudar a los niños a aprender. En la década de 1950 la modificación de la conducta se había convertido en la primera herramienta para la crianza. Dar recompensas o castigos a los niños funcionaba bastante bien para modificar su comportamiento. Y una de las cosas que los padres y profesores aprendieron fue que la clave para la modificación de la conducta es la consistencia. Cuanto más consistente seas, más rápido verás el cambio. El problema es que la modificación de la conducta adopta un pensamiento humanístico, la creencia de que las personas no son más que una forma de animal más elevada. La Biblia enseña algo muy diferente.

Dios creó a las personas diferentes de los animales. Le dio a cada uno un «corazón» espiritual, y ese corazón afecta el proceso de aprendizaje. El corazón contiene cosas como las emociones, los deseos, las convicciones y las pasiones. En resumen, el corazón es un lugar de lucha donde se toman las decisiones. Las tendencias de un niño vienen del corazón. Cuando un niño miente para librarse de un problema, esa es una cuestión del corazón. Si un hermano reacciona con ira cada vez que su hermana le molesta, también eso es una cuestión del corazón. Centrarse simplemente en la conducta puede proporcionar un cambio rápido, pero el cambio duradero tiene lugar en el corazón. No estamos diciendo que la modificación de la conducta esté mal. Solamente estamos sugiriendo que es incompleta y que, al final, le falta la profundidad para un cambio a largo plazo y duradero.

Los padres que solamente utilizan la modificación de la conducta a menudo terminarán con hijos aparentemente buenos en el exterior mientras que por dentro tendrán importantes problemas. La consistencia puede enseñar a los niños a que parezcan buenos, limpios y agradables, pero para ayudarlos a cambiar sus corazones se deben añadir al cuadro otras herramientas para la crianza. Puesto que tú crees que Dios ha creado a tus hijos con un corazón, tienes acceso a una gran cantidad adicional de herramientas de crianza.

Rhonda, al igual que Charlotte, encuentra este principio particularmente útil:

Solía sentirme culpable todo el tiempo porque no puedo ser consistente. Tengo cuatro hijos y una casa que dirigir. Siempre tengo que sacrificar la consistencia en algún área con uno o más de mis hijos para realizar mis otras tareas. Cuando me di cuenta de que la paternidad consiste en algo más que en ser consistente, eso me liberó para trabajar en objetivos más grandes para mis hijos. La trampa de la consistencia me produjo un montón de culpa. Ahora comprendo que hay mucho más en la crianza, y me sentí liberada para utilizar también otras herramientas. Continuamente estoy haciendo preguntas acerca del corazón de mis hijos, y estoy aprendiendo mucho de cómo moldear e influirles para que vayan en la dirección correcta. Veo muchos más cambios en mis hijos con este nuevo enfoque.

Si estás entrenando a perros para que saliven, entonces la consistencia es esencial. Pero tú estás tratando de criar a tus hijos. No quieres que los niños hagan lo correcto solo porque con ello obtienen una recompensa. Si lo haces, entonces los niños aprenderán a preguntar: «¿Qué obtengo yo a cambio? ¿Qué voy a *conseguir* si hago lo que tú dices?». En vez de eso, quieres que tus hijos cambien su corazón. Quieres que pregunten: «¿Qué es lo correcto en esta situación?». Ese cambio de pensamiento es «trabajo de corazón».

Desarrollar una filosofía bíblica y fuerte de la paternidad requiere que adoptes un enfoque más exhaustivo que se centre en el corazón. Ir más allá de la modificación de la conducta exige diferentes herramientas de crianza. Cuando te centras en el corazón, otra cualidad se vuelve incluso más importante que la consistencia: la creatividad.

El corazón es donde los niños guardan sus creencias. Es donde desarrollan los principios funcionales para la vida. Los niños aprenden a través de la experiencia, las historias, la actividad y los modelos. A veces desarrollan resistencia en sus corazones a un enfoque consistente. La misma charla de mamá o papá una y otra vez fortalece la inmunidad por medio de pautas de discusión, malas actitudes y manipulación. Además, cuando los padres solamente utilizan la modificación de la conducta, los niños tienden a querer recompensas cada vez más grandes para estar conformes.

La creatividad tiene la capacidad de traspasar la resistencia de los niños y permite que una verdad estalle con significado dentro del corazón. Los mejores maestros son aquellos que usan métodos de enseñanza creativos para comunicar sus propósitos. Ed es malo con su hermana. Su padre, Dave, está tratando de que su hijo adquiera amabilidad. A veces usa una consecuencia para corregir a Ed. Otras veces exige una disculpa o hace que su hijo practique haciendo lo correcto, pidiendo tres actos de amabilidad antes de que Ed se pueda ir. Dave también está haciendo que su hijo memorice versículos, y han tenido varias conversaciones acerca de la crueldad en el mundo de los adultos. Dave está ayudando a su hijo a desarrollar compasión por la gente, y hace poco asistieron a un evento de Special Olympics para ganar mayor empatía por aquellos que son diferentes. Dave tendrá éxito con su hijo. Tomará tiempo, pero su compromiso con la creatividad ayudará a Ed a desarrollar una mejor respuesta hacia su hermana y al final hacia el resto de personas en su vida.

Por favor, no nos malinterpretes. La consistencia es importante, especialmente cuando los niños son pequeños. Pero si piensas de forma más amplia en la crianza y adoptas la creatividad y la estrategia en tu formación, serás más eficaz moldeando los corazones de tus hijos a cualquier edad. Tu primera tarea como padre es enseñar a tus hijos, y un poco de trabajo en el departamento creativo puede marcar toda la diferencia.

Deuteronomio 11.18–20 no solo les dice a los padres que formen a sus hijos, sino que les dice cómo hacerlo. Fíjate en la creatividad diseñada por Dios. «Por tanto, pondréis estas mis palabras en vuestro corazón y en vuestra alma, y las ataréis como señal en vuestra mano, y serán por frontales entre vuestros ojos. Y las enseñaréis a vuestros hijos, hablando de ellas cuando te sientes en tu casa, cuando andes por el camino, cuando te acuestes, y cuando te levantes, y las escribirás en los postes de tu casa, y en tus puertas». Si examinas estos versículos, empezarás a pensar en tu hogar y en tus hijos, y en modos creativos de enseñarles.

Incluso en los tiempos del Antiguo Testamento, Dios sabía que los niños aprenden mejor a través de las experiencias vitales. Añade la creatividad a tus objetivos parentales y mejorarás diez veces tu formación. Cuando la consistencia es irrazonable, no dejes que su falta produzca culpa. Existen otros principios más importantes. Adopta un enfoque basado en el corazón para ser padre y verás cambios duraderos en tus hijos.

2

Cuando te sientes como si estuvieras insistiendo en lo mismo una y otra vez y tus hijos no cambian, es importante recordar que necesitas...

FOMENTAR LA MOTIVACIÓN INTERNA

«DESEARÍA QUE MIS HIJOS PUDIERAN HACER LAS COSAS sin que yo tenga que empujarles en cada paso del camino. Me siento como si fuera una mezcla de sargento e inspector. Hacemos lo mismo todos los días. ¿Por qué no pueden mis hijos hacerlo por su cuenta?». Esa es una gran pregunta y un sentimiento común entre los padres. El objetivo es ayudar a que los niños se las arreglen solos, ¿pero eso ocurrirá antes de que se hagan adultos? Una madre dijo: «Me temo que mis hijos crecerán y tendrán que mudarse directamente a una vivienda de residencia asistida. Parece que no pueden hacer nada por su cuenta».

Desarrollar la motivación interna en los niños es una de las vías rápidas para empujarles hacia la madurez y a ser responsables. Por desgracia, demasiados padres utilizan motivaciones externas para hacer que sus hijos se muevan. «Si haces tus tareas, puedes salir a jugar». «Si limpias tu cuarto, podrás ver un video». Este enfoque básicamente dice: «Si haces lo que yo digo, te daré lo que tú quieres». Lamentablemente, los niños educados de esta manera a menudo desarrollan una mentalidad que se centra en la motivación externa en vez de elaborar las motivaciones internas que necesitarán para ser responsables y maduros.

Depender continuamente de las motivaciones externas se aprovecha del egoísmo del niño e intercambia una pequeña gratificación por una conducta deseada. Los niños criados con grandes dosis de motivación externa desarrollan actitudes de prepotencia, preguntando: «¿Qué gano yo con esto?».

A Dios le importa algo más que lo externo. A él le interesa el corazón. El corazón contiene las motivaciones, las emociones, las convicciones y los valores. Un enfoque de la paternidad desde el corazón va más allá. Cuando los padres se centran en el corazón, los niños aprenden a preguntar: «¿Qué es lo que hay que hacer?».

La motivación externa no está mal, solo que es incompleta. Cuando los padres utilizan un enfoque basado en el corazón, tiene lugar un cambio a más largo plazo. Los padres todavía demandan que sus hijos terminen sus deberes y limpien sus cuartos, pero el modo en que enfocan la tarea de la crianza es diferente.

En vez de simplemente conseguir que las cosas se hagan, los padres tienen los ojos puestos en otras cuestiones relacionadas con el corazón. Buscan el largo plazo y a menudo se concentran en el carácter. Es interesante ver que muchas de las malas conductas que un niño presenta se pueden reducir a unas pocas debilidades de carácter. El trabajo de la crianza se centra más a medida que los padres son capaces de fijar cualidades específicas del corazón y de reclamar cambios que se ajusten a los patrones que sus hijos han desarrollado.

Muchos niños no están preparados del todo para cambiar a nivel de corazón, así que los padres deben ser estratégicos. A veces eso significa más relación para ablandar el corazón, y otras veces requiere crear una «mini crisis» que muestre a los niños que el modo en que están viviendo no va a ir bien.

Un acercamiento a la paternidad desde el corazón a menudo comparte valores y razones detrás de las reglas. Requiere más discusión con los chicos, ayudándoles a comprender que sus corazones son reticentes y que necesitan desarrollar la cooperación. Un enfoque desde el corazón es firme, pero también relacional. Es una mentalidad diferente para algunos padres y aborda la interacción de la vida familiar de una forma diferente. En vez de simplemente hacer que se limpie el cuarto y se coloquen los platos, los padres están más interesados en desarrollar el carácter, los valores y las convicciones.

Cuando pienses en tus hijos, recuerda las palabras que Dios le dijo a Samuel cuando este pensó que Eliab debía ser el siguiente rey: «El hombre mira lo que está delante de sus ojos, pero Jehová mira el corazón» (1 Samuel 16.7). Ese fue un cambio de paradigma para Samuel y uno que muchos padres también necesitan.

Por desgracia, no puedes forzar a los niños para que cambien sus corazones. Pero puedes hacer muchas cosas para motivarlos en la dirección correcta. Hemos identificado varias herramientas que, cuando se usan adecuadamente, dirigen el corazón. Muchas de ellas se comparten en los capítulos de este libro. He aquí unas cuantas sugerencias para que empieces a alcanzar el corazón de tus hijos.

Usa la pena en vez de la ira en el proceso de la disciplina. Ann lo ilustra bien. Salió a la entrada principal de su casa para encontrarse con que su hijo de once años había tirado su bici demasiado cerca del parterre, dañando algunas de sus flores. Su primera reacción fue la ira, y empezó a imaginar qué consecuencias le impondría. Después de respirar hondo unas cuantas veces, Ann decidió un enfoque diferente. Se calmó, entró en casa, buscó a su hijo y, con una flor en la mano, le dijo: «Estoy muy triste. Me encantaba esta flor, pero tu bicicleta aterrizó sobre ella y ahora está rota». Se giró y salió del cuarto.

Poco después su hijo se le acercó y le dijo: «Mamá, siento lo de las flores. Sé que son importantes para ti. Tendré más cuidado con mi bici la próxima vez». La mamá estaba sorprendida. Normalmente su hijo se prepararía para su ira y empezaría a justificarse inmediatamente. Ann estaba complacida de que esta vez hubiera sido más sensible.

Los padres que hacen un mal uso de esta técnica a menudo acaban echando una carga de culpabilidad sobre sus hijos. La clave es ser auténtico. Si tú, como padre, dejas a un lado la ira por un momento, verás que realmente estás triste por lo que tu hijo ha hecho, porque conoces las consecuencias a largo plazo de tal comportamiento. Refléjalo de un modo amable. La pena abre puertas en las relaciones allá donde la ira construye muros.

Las Escrituras también son muy poderosas en el proceso de cambiar el corazón, porque la Biblia tiene una impresionante cualidad: la habilidad de penetrar hasta las áreas más profundas del corazón. Hebreos 4.12 dice: «Porque la palabra de Dios es viva y eficaz, y más cortante que toda espada de dos filos; y penetra hasta partir el alma y el espíritu, las coyunturas y los tuétanos, y discierne los pensamientos y las intenciones del corazón». No utilices la Biblia de un modo cruel. En vez de eso, revela lo que la Biblia tiene que decir acerca de ser atento, respetuoso u obediente. Hay mucha sabiduría y convicción que proviene de las Escrituras.

Otro modo de ayudar a los niños es enfatizar el corazón en los momentos de corrección. «Puedo ver que estás enfadado porque te dije que no. Me gustaría que te tomaras un respiro y tranquilizaras tu corazón y, cuando estés preparado, regreses para que hablemos de ello». Un enfoque desde el corazón lleva trabajo, y puede que al principio un niño necesite mucho tiempo para tranquilizarse, pero al final el cambio de corazón vale la pena. Resuelve la tensión alcanzando una conclusión positiva o reflexionando juntos. Dirígete a los asuntos del corazón, no solo al comportamiento, y ayuda a los niños a ver las cosas desde una perspectiva más profunda.

«¿Cuál es, entonces, el lugar de las recompensas en la educación de los hijos?», puede que preguntes. ¿Deberías recompensar a tus hijos por un buen comportamiento o solo esperar que lo hagan? No se debería abandonar las recompensas, pero deberían usarse más bien para alentar el corazón. Úsalas con moderación, porque a menudo las recompensas pierden eficacia con el tiempo, y requieren que las incrementes para conseguir el mismo resultado. Una recompensa está bien usada como motivación para iniciar un nuevo plan, para hacer que vaya en la buena dirección.

El verdadero problema, sin embargo, tiene que ver con la diferencia entre motivación interna y externa. La motivación interna viene del corazón, del deseo de hacer lo que está bien. Quieres que tu hijo sea limpio u ordenado como resultado de una obligación interna de orden. Cuando los niños experimentan una motivación interna por conseguir algo positivo, a menudo eso les hace querer esforzarse más.

La motivación externa viene de fuera e incluye cosas como elogios, que les den dinero, conseguir algo, pagar un cristal roto, perder un privilegio o ver la decepción en los ojos de sus padres. Según desarrolles tu propia filosofía bíblica de la paternidad, busca modos de fomentar la motivación interna, no solo confíes en lo externo para conseguir que se hagan las cosas.

Este es el principio que hay que tener en mente: las motivaciones externas son útiles si crean motivación interna. Así que aunque le des una estrella o un punto positivo a un niño, háblale del carácter y del cambio en el corazón. «Te doy una estrella por limpiar tu cuarto, pero la recompensa más importante está en tu corazón. Sienta bien tener tu cuarto ordenado, ¿verdad?». O, para un niño mayor: «Ya veo que has estado trabajando o has sido responsable con tus deberes este mes. Veo que te sientes incluso mejor por tener las tareas hechas a tiempo. Aquí tienes tu recompensa, pero estoy seguro de que la recompensa real es la satisfacción que sientes por dentro de que estás demostrando responsabilidad».

Después de todo, Dios usa las recompensas y los castigos con nosotros, pero él está más interesado en las motivaciones internas por hacer las cosas bien y por mostrar amor a los demás por las razones correctas. Las Escrituras prometen recompensas para los hijos de Dios, pero el mayor galardón que podemos recibir de Dios es la satisfacción interior de estar complaciéndole.

3

Los padres a veces van a las consecuencias demasiado rápido.
Los niños necesitan cambiar sus corazones. A menudo
otras herramientas son más efectivas, así que es importante
recordar que...

LAS CONSECUENCIAS NO SON
LA ÚNICA RESPUESTA

«SI NO PARAS, VOY A...».
«Haz esto o perderás el privilegio de...».
«Termina eso ya o te quitaré...».

Si te encuentras con que por regla general vas a las consecuencias con esta clase de afirmaciones, entonces quizá estés confiando en la modificación de las conductas más allá de lo que es útil.

Algunos problemas a los que se enfrentan los padres con sus hijos son más difíciles que otros. Los niños que tienen hábitos molestos, que hacen bromas crueles o que estallan en ira tienen problemas arraigados que pueden volver locos a los padres. Más allá de la frustración, algunos padres piensan que estos niños necesitan consecuencias cada vez mayores. Creen que cuanto mayor sea la consecuencia, más rápido será el cambio. Entonces esos mismos padres se decepcionan porque no parece que sus hijos sean diferentes en absoluto después de la corrección.

Ser padres es el trabajo más duro del mundo. Es importante que no te desilusiones. La perseverancia merece la pena, y normalmente lo que se necesita es tu determinación a aguantar con firmeza y amor. Al considerar las consecuencias para cambiar una conducta, sin embargo, aquí tienes unas cuantas cosas que te ayudarán a ir más lejos en tus estrategias de crianza y querrás adquirirlas para tu filosofía bíblica de la paternidad.

Recuerda que el objetivo es un corazón cambiado, no solo el castigo por hacerlo mal. Puede que se necesite una consecuencia más grande para llamar la atención del niño, pero el verdadero trabajo tiene lugar ayudando al niño a ajustar el modo en que piensa y enseñándole a desarrollar una conducta madura. A menudo, muchas correcciones pequeñas son más eficaces que una gran consecuencia.

Muchos padres van a las consecuencias demasiado rápido. Ven que el niño está haciendo algo mal y gritan: «Como no pares de hacer eso yo...», y se lanzan a las consecuencias para motivar el cambio. Ten en cuenta que hay un número finito de consecuencias disponibles para formar a tu hijo. Si abusas de ellas, se agotan. Tu responsabilidad como padre deberá continuar durante muchos años más, así que busca otras maneras de formar y motivar. Una buena filosofía bíblica de la paternidad enfatiza en algo más que en simples consecuencias para corregir.

Por ejemplo, un modo de ayudar a los niños para que pasen de patrones negativos a positivos es practicar haciendo lo correcto. Después de un tiempo de corrección, cuando sea posible, regresa a la ofensa y practiquen haciendo lo correcto. Puedes decir: «Yo estaba más o menos por aquí, y tú estabas justo ahí, y vas y me pides una chuchería. Yo te diré que no, y tú me mostrarás cómo responder bien del modo en que hemos estado hablando».

Es fácil decirle a un niño que deje de hacer algo incorrecto o suponer que aprenderá a hacer lo que está bien basándose en la corrección que le acabas de dar, pero en realidad practicar la respuesta correcta ayuda mucho más a los niños a que hagan cambios duraderos. Algo sucede cuando un niño vuelve a repetir una situación y lo hace bien. Puede que parezca forzado y que dé la impresión de que solo lo están haciendo de forma mecánica, pero a veces eso es justo lo que se necesita para ayudar a que los hijos hagan la conexión para la siguiente ocasión en su vida.

Cuando los niños tienen una debilidad profundamente arraigada, practicar lo correcto puede ayudar a cambiar el patrón. Una mamá hacía que su hijo de cinco años parase tres veces al día para hacer cosas amables por los demás. Al principio él se resistía, pero ella lo hizo divertido y él se volvió creativo con el proyecto. Un papá puso en marcha un plan con su hija de quince años para que, a cambio de viajes al centro comercial, ella buscara modos de animar a su madre en vez de pelear contra ella. Él estaba intentando enseñarle que una familia es una calle de dos direcciones.

A veces los padres suponen que los hijos saben qué es lo correcto. Después de todo, estas mamás y estos papás no han dejado de repetirlo una y otra vez. Pero escucharlo con los oídos no es lo mismo que aceptarlo en sus corazones. La vida necesita práctica, y la buena práctica construye patrones saludables.

Los niños necesitan practicar haciendo las cosas bien, no solo recibir correcciones por hacer algo mal. Esto puede parecer obvio cuando lo piensas, pero puede ser un desafío establecer un plan que funcione en la vida familiar. A menudo los padres están motivados por la frustración y responden solamente con corrección. Desarrollar un enfoque proactivo al mismo tiempo puede marcar la diferencia. Es impresionante cómo la actitud de un padre hacia su hijo cambia cuando ambos, padre e hijo, trabajan juntos en una dirección positiva.

La gente madura siente un dolor en su interior cuando descubren que se han equivocado o que han hecho algo mal. Esto es normal y saludable. Puede que tu hijo no experimente todavía la misma sensación interna. Las consecuencias crean una cierta clase de dolor en los niños. Este dolor puede motivar el buen comportamiento y hacer que se muevan en la dirección correcta, pero no les des la consecuencia sin pedirles alguna clase de acción positiva.

Un ejemplo de esto es la madre que decidió quitarle a su hijo de nueve años el privilegio de montar en bici. Ella le dijo: «Hijo, no te estoy quitando la bici por un día. Te estoy quitando la bici hasta que vea algún progreso en el modo en que me tratas cuando te llamo para la cena. Veremos cómo lo haces durante un tiempo, y si observo una buena respuesta, entonces podrás tener la bici de nuevo». La madre le dio la vuelta a la disciplina para que el niño tuviera que volver a ganarse el privilegio. Ella quería ver varios puntos positivos de cambio antes de permitir que su hijo volviera a montar en bici.

Casi nunca es útil poner un límite de tiempo a una consecuencia. A menudo es mejor asociar el retorno del privilegio a acciones positivas. En esencia, le estás diciendo a tu hijo: «Muéstrame que puedes hacer lo correcto y entonces permitiré que vuelvas a tener el privilegio».

Cuando habla acerca de la importancia de obedecer la Palabra de Dios y no solo escucharla, la Biblia dice: «Pero sed hacedores de la palabra, y no tan solamente oidores, engañándoos a vosotros mismos. Porque si alguno es oidor de la palabra pero no hacedor de ella, éste es semejante al hombre que considera en un espejo su rostro natural. Porque él se considera a sí mismo, y se va, y luego olvida cómo era. Mas el que mira atentamente en la perfecta ley, la de la libertad, y persevera en ella, no siendo oidor olvidadizo, sino hacedor de la obra, este será bienaventurado en lo que hace» (Santiago 1.22–25). Este es un gran consejo para ser corregidos por la Palabra de Dios, pero también ayuda a los padres cuando corrigen a sus hijos. Practica haciendo lo correcto para ver que el cambio realmente está tomando lugar.

Normalmente los niños necesitan ayuda para crecer y cambiar. La corrección solo es una de las herramientas que Dios nos ha dado para ayudarnos a aprender en la vida. Demanda una acción positiva para demostrar el cambio y los niños madurarán más rápido y aprenderán respuestas más saludables.

4

Cuando te sientas abrumado porque tu hijo tenga
demasiadas debilidades y problemas, una buena estrategia es
retirarse un poco para...

Identificar cualidades de carácter para tratar los problemas

«A veces me siento abrumado porque mi hijo tiene muchos problemas. No sé por dónde empezar o en qué centrarme ahora. Escucho consejos que dicen: "Escoge tus batallas", pero me siento como si tuviera demasiadas batallas que pelear al mismo tiempo. No quiero que mi hogar sea una zona de guerra. Quiero que las cosas sean positivas y que vayan hacia delante, pero no estoy seguro de qué hacer».

Cuando te sientas sobrepasado por el pobre comportamiento de tus hijos, aquí tienes un ejercicio para orientarte. De hecho, esta actividad es buena para cualquier padre que esté buscando modos de ayudar a sus hijos a crecer, aunque es especialmente útil cuando te sientes confuso y cargado por la complejidad de un problema o de una naturaleza profundamente arraigada. Una filosofía bíblica de la paternidad fuerte necesita que investigues un poco y estudies a tu hijo y el problema que hay entre manos para que sepas cómo aplicar los principios de Dios de un modo estratégico.

Toma un trozo de papel y haz una lista de las ofensas o los problemas que has visto en tu hijo en los últimos días. No es una lista para mostrarle a tu hijo, sino para trabajar con ella, para que puedas obtener cierta perspectiva en tu disciplina. Estás buscando ejemplos de problemas que necesitas tratar. Busca conductas, sus causas, los lugares comunes donde ocurre el problema y otras personas que normalmente estén implicadas. En este paso simplemente estás recopilando datos y haciendo observaciones, escribiendo los hechos tal cual.

Después, agrupa los problemas por cualidades de carácter. Esto quiere decir que busques los hilos en común de las ofensas que indiquen un asunto del corazón más amplio. Por ejemplo, una madre se desanimaba con su hijo porque siempre se resistía a hacer las tareas, no terminaba sus trabajos de la escuela y se lo hacía pasar mal cuando ella le pedía que ayudase en cosas de la casa. Ella vio un hilo en común: a su hijo no le gustaba trabajar duro y se resistía a hacerlo todo el tiempo. Ella lo llamó «ética del trabajo», pero podrías darle con facilidad un nombre de cualidad de carácter, como una falta de *perseverancia* o de *determinación*.

Warren reconoció que su hijo, Cory, tenía un problema con la malicia. Cory era mezquino con su hermana, se reía de la gente que era diferente a él y le gustaba gastarle bromas a personas que ni siquiera conocía solo por reírse. Cuando miró la lista de ofensas, Warren fue capaz de ver que el problema real de la vida de su hijo era la falta de compasión. Empezó a buscar modos de desarrollar la compasión en su hijo. Warren enseñó a Cory a identificar los sentimientos de otras personas. Hablaron de los sentimientos heridos y de cómo el humor puede ser ofensivo, y se esforzaron por ayudar a la gente en necesidad. Con el tiempo, las conductas disminuyeron según Cory desarrollaba la compasión en su vida.

Agrupar las ofensas alrededor de las cualidades de carácter es liberador para muchos padres. Primero, proporciona algo de perspectiva. En vez de trabajar en cincuenta conductas negativas diferentes, ahora puedes centrarte en tres o cuatro cualidades de carácter positivas. Además, una vez que desarrollas una estrategia para el desarrollo del carácter, empiezas a ver muchas de las faltas de la vida de tu hijo como oportunidades para crecer.

Este planteamiento también ayuda a los padres a enfocarse en lo que sus hijos necesitan en vez de centrarse simplemente en una conducta errónea. Escucha tus palabras de corrección. ¿Se centran primeramente en el problema o en la solución? Una mamá se sorprendió usando una ristra de declaraciones centradas en el problema. «Para». «Deja de molestar». «Si sigues con eso no le vas a gustar a la gente». En cambio, ella sería más eficaz si dijera: «Piensa en ser sensible». «Recuerda, para y piensa primero». «Mira a ver cómo se sienten los demás». Al hablar de la cualidad de carácter positiva que estás desarrollando en tu hijo, puedes ser más positivo y útil en tu enfoque.

Para hacer que la formación del carácter sea práctica, quizá quieras desarrollar definiciones de trabajo de las cualidades en las que te estás centrando. No son definiciones de diccionario, sino afirmaciones prácticas que les ofrecen a los niños formas funcionales de pensar sobre las cuestiones del corazón. Aquí tienes algunos ejemplos por los que puedes empezar, aunque las mejores definiciones son aquellas que tú desarrolles para que se adapten específicamente a las necesidades de tu hijo.

Obediencia es hacer lo que alguien dice, sin rodeos, sin que tengan que recordártelo.

Honor es tratar a las personas como alguien especial, hacer más de lo que se espera y tener una buena actitud.

Perseverancia es aguantar incluso después de tener ganas de abandonar.

Atención es mostrarle a la gente que la aprecias mirándoles cuando hablan.

Paciencia es esperar con un corazón feliz.

Autodisciplina es poner a un lado las recompensas presentes por los futuros beneficios.

Gratitud es ser agradecido por las cosas que se tienen en vez de quejarse por las que no se tienen.

Uno de los beneficios de ser cristiano es que el Espíritu Santo viene a tu vida y produce frutos. Gálatas 5.22–23 da una lista de cualidades de carácter que provienen de la confianza en Dios. «Mas el fruto del Espíritu es amor, gozo, paz, paciencia, benignidad, bondad, fe, mansedumbre, templanza». Estas no son solo cualidades para tus hijos. Los padres las necesitan de igual manera. De hecho, la familia es un gran laboratorio en el que Dios ayuda a cada persona a desarrollar las cualidades de carácter que se necesitan para la vida.

Ahora, cuando veas una falta en la vida, tómate un tiempo para identificar la cualidad de carácter que tu hijo necesita desarrollar. Puedes decirle a un adolescente: «Noto un espíritu desagradecido en ti y, sin embargo, parece que tú quieres continuamente que yo me sacrifique. No me importa ayudarte, pero esta vez voy a decir que no, y ya veremos si crece tu gratitud por las cosas que ya estoy haciendo por ti».

Con un preescolar puedes decir: «Recuerda, estamos trabajando el autocontrol. Eso significa esperar algunas veces sin enfadarse ni disgustarse». Con un niño de primaria: «Cuando entres en la habitación, no empieces a hablar directamente. Asegúrate de tomarte un tiempo para ver lo que está pasando para no interrumpir a los demás. A eso se le llama *sensibilidad*».

Según crezcan tus hijos y muestren el carácter de Dios, asegúrate de afirmarlo. Una pequeña alabanza o incluso admiración por el crecimiento puede llegar muy lejos. La admiración y la gratitud son dos cosas diferentes. Mucho padres tienen la costumbre de agradecerles las cosas a sus hijos, pero otros no practican la admiración. La gratitud se centra en lo que el niño hace; la admiración reconoce a la persona que es o en la que se está convirtiendo. Por ejemplo, agradécele a tu hijo que saque la basura, pero después ve un paso más allá y dile: «Me encanta que hicieras un trabajo meticuloso. Admiro eso de ti. Viste una bolsa de más en el cubo junto a la puerta y también la sacaste. La meticulosidad es una gran cualidad».

La admiración ayuda a que los niños reconozcan en sí mismos el carácter. Un poco de trabajo en esa área puede ayudar a que los niños comprendan mejor cómo encajan las pequeñas tareas en un conjunto más grande. Centrarse en el carácter es un gran modo de ayudar tanto a padres como a hijos a mantener una saludable perspectiva en el crecimiento.

5

Las estrategias de crianza tienden a provocar el cambio en los niños. Pero a veces ellos tienen dificultades para cambiar. En ese caso, tú querrás...

Transferir la responsabilidad del cambio al niño

Pedro tiene un problema con la malicia. Abigail lo deja todo hecho un desastre allá por donde pasa. Connie suele discutir cuando no se sale con la suya. Muchos de los problemas que los niños tienen representan patrones de conducta que necesitan soluciones más grandes desde el corazón. Cuando ves un patrón de conducta negativo, puede que sea hora de enfrentarlo usando un plan mayor.

Cuando un niño tiene una debilidad persistente, él o ella necesita un trabajo de refuerzo para elevar el nivel de alguna clase de cualidad del corazón o aspecto del carácter. Pedro solo tiene cinco años, pero sus padres pueden ver que su malicia es un problema importante. Necesita trabajar para cimentar la amabilidad en su corazón para que así pueda lidiar con su debilidad. Abigail tiene diez años, y su desorden se está interponiendo en su camino hacia el éxito. Necesita un plan que eleve su factor de pulcritud a un nivel que encaje con su etapa de desarrollo. Connie tiene quince años, y su tendencia a discutir ha cruzado la línea del respeto. Necesita un plan que la ayude a tener éxito en la vida.

Si tu hijo tuviera cinco años y no pudiera caminar, conseguirías una terapia médica para ayudarle. Si tu hija tuviera diez años y no pudiera leer, le ofrecerías apoyo pedagógico para ayudarla. Ocurre lo mismo cuando los niños tienen debilidades de carácter. Necesitan un trabajo de refuerzo que les lleve a un nivel más funcional. Asegúrate de que tu filosofía bíblica de la paternidad centra su atención en el carácter para tratar los patrones negativos que ves en tu hijo. Con el tiempo, la atención centralizada en un área en particular hará mucho más que un enfoque esporádico según la situación.

Dios llama a este proceso *crecimiento*. En 2 Pedro 3.18 dice: «Creced en la gracia y el conocimiento de nuestro Señor y Salvador Jesucristo». A veces ese crecimiento ocurre al mismo tiempo que los niños viven la vida, pero en muchas ocasiones necesitan un esfuerzo concentrado para trabajar en un área de debilidad en particular durante un tiempo.

Si ves que no dejas de dar la lata a tu hijo por la misma cuestión una y otra vez, o no dejas de gritar de pura exasperación porque siempre acaba emergiendo el mismo problema, definitivamente es hora de un plan diferente. Uno de los mejores modos de promover el cambio es transferir la responsabilidad de ese cambio al niño. Jesús a menudo transfería la responsabilidad a los demás para ayudarles a crecer. Cuando los discípulos le dijeron a Jesús que enviase a la multitud a casa para que pudieran comer, él les devolvió el problema: «Dadles *vosotros* de comer». Así él permitió que ellos fueran parte de la solución, alimentando a cinco mil personas (Marcos 6.37, énfasis añadido).

No confundas esta idea con las consecuencias naturales que los niños aprenden por su cuenta de las experiencias vitales. Esa es una buena estrategia de disciplina y funciona cuando un niño se siente motivado a cambiar. Por ejemplo, Abigail puede estar aprendiendo a montar en monopatín y por hacer el tonto acaba cayéndose. Las consecuencias naturales evitarían la mentalidad del «Ya te lo dije» y permitirían que Abigail aprendiera de la vida.

Pero Abigail no está aprendiendo de la vida cuando se trata de su desorden. Papá y mamá tienen su propio plan de señalarlo, disciplinarla y quitarle los videojuegos. A Abigail no le gusta el plan, pero tampoco parece que esté cambiando. Así que tienen una reunión familiar y transfieren la responsabilidad del cambio a su hija. Ahora ellos empiezan con la afirmación y después desafían a su hija de una nueva manera.

—Abigail, tú haces bien ciertas tareas. Me gusta el modo en que cuidas del gato, eres responsable de tus deberes de la escuela y haces un gran trabajo ayudando con la cena. Me gusta el crecimiento que vemos en ti. Eso anima. Sin embargo, hay un área que vemos que va a estorbar tu éxito en la vida si no se trata. Por lo visto te sientes tentada a dejar todo desordenado por donde pasas en vez de recoger. Creemos que es importante ayudarte a tratar ese problema.

»Yo tengo un "plan de mamá". Te quitaré los videojuegos. Pero me gustaría ayudarte a pensar en una nueva estrategia para que no *tenga* que usar el plan de mamá. Vamos a idear un plan de Abigail. Aquí tienes un papel, y en la parte superior he escrito "plan de Abigail", pero yo no puedo escribir nada en esta hoja. Es tu plan. Quiero que pienses en ideas que te ayuden cuando te sientas tentada a dejarlo todo desordenado, para que en vez de eso puedas hacer lo correcto.

»Me gustaría que identificases cinco cosas que vas a hacer para ayudarte a luchar con tu desorden. Son cosas que te vas a decir a ti misma y cosas que vas a hacer de forma diferente. Te puedo dar ideas, pero no puedo escribir nada en el papel, porque es tu plan».

A Abigail le cuesta un poco pensar en algo que escribir en el papel, así que su madre dice:

—El otro día vi que recogías la mesa del comedor después de terminar con tu proyecto de la escuela. ¿Qué ocurrió allí que te ayudó a tener éxito?

—Sabía que no estarías contenta si dejaba todo aquello hecho un desastre.

—Muy bien, así que una cosa que puedes escribir en tu papel es que cuando acabas una actividad, podrías pensar: *¿cómo se sentirán los demás por cómo dejo esto?* Esa es una buena pregunta que hacerte. ¿Por qué no la escribes?

La mamá continuó hablando del problema de tal modo que mostrase que era un problema de Abigail. En vez de centrarse en su irritación, describió el desorden como una debilidad que necesitaba un poco de trabajo. Abigail puso cuatro cosas en su plan que la ayudarían a seguir adelante. Durante los cinco días siguientes, mientras su madre continuaba trabajando con Abigail, le preguntaría: «¿Qué parte del plan te ayudaría esta vez?». Abigail acabó añadiendo tres elementos más a su plan.

En vez de su típico enfoque sobre los desórdenes, la mamá buscó modos de hacer a Abigail responsable de su plan. La relación cambió entre ellas. La mamá ahora se encontraba actuando más como una entrenadora que como una policía con su hija. Empezó a ver mejoras. Cuando no las veía, podría regresar al plan de mamá y quitarle un privilegio o implementar alguna otra forma de disciplina. Con el tiempo comenzó a ver cambios significativos en su hija y resultó que el plan de Abigail estaba funcionando.

Transferir a un niño la responsabilidad de una solución es estratégico en un enfoque de la paternidad desde el corazón. Algunos niños se resisten a ver que el problema es suyo, y lleva trabajo transferir esa responsabilidad, pero el hecho de exigir que un niño tome parte en el desarrollo del plan para el cambio ayuda a que la transferencia tenga lugar.

La idea de transferir el problema al hijo es un gran modo de ayudar a los adolescentes a que tengan sentido del respeto. Cuando entres en el dormitorio de tu hijo de dieciséis años para hacer que saque la basura, puedes decir:

—Es martes y hay que sacar la basura a la calle. ¿Cuál es tu plan?

—Lo haré más tarde.

—Está bien. Solo quiero saber cuándo. Después no te molestaré más con ello porque sé que tienes un plan.

—Lo haré antes de irme a la cama.

—Tienes que hacerlo antes de la cena. Dime una hora.

—De acuerdo. A las cinco.

—Genial.

Ahora puedes dejarle solo hasta las cinco de la tarde y ver si hace lo que dijo que haría. Si, por otro lado, solo lo está aplazando y espera a que tú se lo recuerdes de nuevo a las cinco, entonces tienes un problema de responsabilidad. Tendrás que decir: «Hijo, tenemos un problema. Quiero darte la oportunidad de que tú te disciplines para que no tenga que hacerlo yo. Cuando me dices que vas a hacer algo, es importante mantener tu palabra. Si no puedes hacerlo, entonces tendremos que ir a mi plan; esto es, sacar la basura según mi agenda, no la tuya. Quiero tratarte con respeto, pero tú tienes que ser capaz de tomar la responsabilidad de las cosas por ti mismo».

A veces se necesita más disciplina y consecuencias, pero el enfoque de transferir la responsabilidad al hijo es un ingrediente esencial en una sólida filosofía bíblica de la paternidad. Uno de los beneficios es que hace que el padre adopte una mentalidad más de entrenador con sus hijos. A veces los niños necesitan firmeza para forjar el carácter, pero a menudo trabajar

6

La vida familiar a menudo trata de mantener el rumbo con los hijos y avanzar. Pero en medio de todo este trabajo, no te olvides de...

El lado relacional de la paternidad

¿ALGUNA VEZ SIENTES COMO SI LA ATMÓSFERA DE TU hogar se hubiera vuelto negativa porque tienes que regañar mucho? Sabes que tus hijos necesitan corrección, pero al mismo tiempo sientes que la disciplina está causando estragos en el entorno positivo que quieres en tu casa. Puede que sea hora de hacer un balance de la relación para asegurarse de que tu vida familiar tiene un buen equilibrio entre la construcción de relaciones cercanas y una corrección apropiada.

Los hijos necesitan firmeza, dirección, límites, instrucción y corrección. Pero no te olvides de que también necesitan un montón de amor, enseñanza, gracia, afirmación, aprecio y relaciones. Por supuesto, lo sabes, pero es bueno recordarlo de vez en cuando, especialmente cuando la vida familiar se vuelve intensa.

El amor puede venir en forma de afirmación, ánimo, apoyo o simplemente por pasar tiempo juntos. Conectar con el corazón de un niño puede hacerse de diferentes modos, pero una forma segura en la que tu hijo se siente conectado contigo es cuando le muestras empatía.

La empatía se comunica validando el dolor o la decepción que experimenta tu hijo. Entonces puedes trasladarte con suavidad a un modo de sugerencia, si lo necesitas. Por ejemplo, cuando el gato araña a tu hijo de tres años, que está jugando a lo bruto, puede que un sermón no sea el mejor enfoque. En vez de eso, puedes decir algo como: «¡Ay! Seguro que eso duele. Parece que no le gusta que juegues así de bruto con él, ¿verdad?».

O cuando tu hija de ocho años tiene hambre antes de la cena porque se negó a comer a mediodía, puedes decir: «Seguro que tienes hambre. Llevas ya mucho rato sin comer».

Si dejas a un lado la empatía y pasas a estar solo en modo de firmeza, puede que los niños reaccionen mal. Entenderán tu enfoque como condescendencia o frialdad y responderán con ira u hostilidad. La empatía comunica amor y, al mismo tiempo, permite que el niño acepte la responsabilidad del problema.

La empatía revela comprensión y cariño y valida las emociones que el niño experimenta aunque las acciones que emanan de esas emociones necesiten una corrección. Demostrar preocupación a la vez que tu hijo aprende de la experiencia puede ser uno de los mejores modos de desarrollar la cercanía. Te coloca en el equipo de tu hijo, encarando los desafíos que presenta la vida.

Un padre lo expresó así: «Yo soy un solucionador de problemas. De hecho, muestro amor a mis hijos ayudándoles a resolver sus problemas. Por desgracia, mi hija adolescente a veces no quiere mis soluciones. Ella es muy capaz de resolver los problemas por sí misma. Cuando comparte un problema conmigo y yo me pongo a solucionárselo, ella se siente abandonada, justo lo contrario de lo que yo quiero. He aprendido que, a veces, la mejor manera de acercarme es empatizando primero con ella e imaginando lo que debe sentir. Es interesante que, una vez que he hecho esto, ella a veces me pide consejo y entonces yo puedo ayudarla a resolver el problema. La clave para nuestra relación, sin embargo, ha sido mi disposición para conectar con ella en un nivel emocional».

Si te pones a soltar soluciones antes de que el niño esté listo, puede que te frustres ante la falta de interés por tu consejo. Si te preguntas si tu hijo quiere ayuda o compasión, puedes preguntar; pero ir por el camino de la empatía a menudo es lo más seguro. Después puedes intentar ofrecer sugerencias. «¿Quieres que te dé una idea?», podrías preguntar, o «¿Te gustaría escuchar cómo han resuelto ese problema otras personas?».

Un oído que escucha comunica conexión emocional. Dice: «Estoy interesado en tu mundo y en lo que piensas». ¿Conoces las actividades, comidas y asignaturas del colegio favoritas de tu hijo? Suele ser un modo genial para comenzar una conversación, porque te estás centrando en tu hijo.

La conectividad relacional se experimenta en el corazón. Hechos 4.32 dice que los primeros discípulos eran «de un corazón y un alma». El paje de armas de Jonatán expresó su unidad con su jefe al decir: «Haz todo lo que tienes en tu corazón... aquí estoy contigo a tu voluntad» (1 Samuel 14.7). Disfrutar de tus hijos crea una conectividad muy profunda. Con todos los desafíos de la vida familiar, las relaciones cercanas ayudan a relajar la tensión. Por eso en 1 Pedro 4.8 dice: «El amor cubrirá multitud de pecados».

Cuando llegas a la conclusión de que tienen que suceder cambios en tu hijo y de que es el momento de ponerse firme porque ya no puedes vivir más así, piensa primero en la relación. Normalmente los padres empiezan pensando las consecuencias y en cómo van a ser más serios. Estos son componentes importantes para tu plan, pero no te olvides de añadir la relación. Los niños solamente pueden aceptar la presión que la relación permita.

Muchas veces los padres disfrutan de sus hijos como ellos prefieren. Planean actividades e invitan a los niños a que se unan. Considera, en vez de eso, darle a tu hijo un regalo de media hora haciendo algo que a él le encante hacer. Yo (Scott) recuerdo una ocasión en la que hice esto con mis hijos. Melissa eligió pasar nuestro tiempo jugando con muñecas. Recuerdo que fue una media hora de las más largas de mi vida, mientras vestíamos muñecas y simulábamos que hacíamos toda clase de cosas. Me gustaba estar con mi hija, pero realmente jugar con muñecas no estaba en lo alto de mi lista de experiencias divertidas.

Sin embargo, con esa actividad me di cuenta de que a menudo disfruto de mis hijos a mi manera. Me recordó que necesito continuamente conocer las cualidades únicas de mis hijos y tratar de entender sus aficiones especiales.

Dios nos instruye, nos corrige y nos pone límites como sus hijos, pero su deseo primordial es tener una relación personal con nosotros. El resto de cosas fluyen desde ahí. En Apocalipsis 3.20 Jesús expresa este deseo de relación al decir: «He aquí, yo estoy a la puerta y llamo; si alguno oye mi voz y abre la puerta, entraré a él, y cenaré con él, y él conmigo». Recuerda que la relación es el fundamento para todo el resto de cosas que hay que hacer en la vida familiar.

7

Los padres a veces se desaniman. Los hijos también pueden desanimarse. En ocasiones los niños necesitan la perspectiva que proporciona la motivación por hacer lo correcto. Los padres pueden ayudar a sus hijos yendo un poco más lejos de los desafíos presentes cuando se...

Prevé un futuro positivo

Tom tiene ocho años y se nota que está desanimado. Tiene un problema a la hora de manejar sus emociones y su ira estalla a menudo. Eso significa que recibe mucha corrección de sus padres, sus profesores e incluso de la vida misma. Papá y mamá utilizan varias estrategias para ayudarle a controlar su ira, pero su desánimo está agravando el problema. Los padres de Tom se dieron cuenta de que necesitaban añadir una dimensión más a su estrategia para Tom. De hecho, es una estrategia que todos nuestros hijos necesitan para maximizar el cambio en sus vidas. Es una herramienta que trae esperanza al proceso del cambio. Esto es lo que parece.

Muchos niños pasan su tiempo pensando en el presente, en lo que harán hoy o mañana. Cuando miran al futuro puede que tengan algunos deseos, pero imaginarse exitosos es un gran esfuerzo para muchos. Esto es así especialmente para los niños que son un desafío a la crianza. Suelen sufrir un montón de corrección, provocando dudas sobre si alguna vez tendrán éxito en la vida.

Un elemento de la filosofía bíblica de la paternidad es ayudar a los niños a que visualicen un futuro positivo. Toma unos minutos e imagina lo que tus niños serán de adultos. Algunos padres inmediatamente tienen pensamientos de terror y condenación, pero en vez de eso mira las buenas cualidades que tus hijos tienen ahora e imagina cómo les beneficiarán más adelante en la vida. Después comparte esas observaciones con tus hijos.

Al imaginar un futuro positivo miras más allá de la disciplina diaria y dices: «Veo cualidades en ti que te harán tener éxito». Son declaraciones como: «Con esa clase de amabilidad, vas a ser un gran marido», o «Con tu minuciosidad serás un gran empleado algún día». Cuando los padres aprenden a mirar a sus hijos de este modo, dejan a un lado la rutina diaria de la crianza para ver en lo que sus hijos se están convirtiendo. «¿En qué es bueno mi hijo? ¿Qué veo ahora que le servirá para tener éxito cuando crezca?».

Los niños creen lo que sus padres dicen de ellos. Si un padre le dice a su hijo que nunca va a servir para nada, el niño probablemente incorporará esto a su creencia de sí mismo y acabará convirtiéndose en verdad. Puedes tomar el mismo principio y enseñar a tus hijos a ver el crecimiento en sí mismos y las formas específicas en que Dios les ha bendecido.

Algunos niños son imanes para la corrección. Cada vez que te das la vuelta, les corriges por esto o por aquello. Esos niños a menudo desarrollan una visión de sí mismos bastante negativa. Les resulta muy difícil imaginar un futuro positivo porque el presente está lleno de cosas que hacen mal. Los niños tienden a vivir en el presente, y creer que el cambio es posible puede ser algo impreciso. No tienen suficiente experiencia vital para ayudarles a ver que las cosas cambian y mejoran con el tiempo. A veces se quedan atrapados en una visión deprimente de su vida, estancados perpetuamente en el presente.

Pasa tiempo ayudando a tus hijos a ver el crecimiento que ya han experimentado y los beneficios del trabajo que están haciendo actualmente para dominar sus hábitos negativos, desarrollar el autocontrol y convertirse en personas más responsables. Curiosamente, darle a tus hijos una visión positiva del futuro les anima a vivir el presente. Las cualidades que destacas terminarán convirtiéndose en aquellas que verán en sí mismos y tenderán a desarrollar.

Matt lo expresó así: «Siento que mi hijo Robert tiene varias debilidades, y estamos trabajando en ellas, pero también tiene algunas fortalezas. Es comprensivo y sensible al dolor de los demás, por ejemplo. El otro día tuvimos una divertida conversación en la cena. Le dije a Robert que su sensibilidad es algo especial y bueno, y que le ayudará un montón cuando sea mayor. Me lanzó una mirada de perplejidad, así que le di algunas ideas de cómo la sensibilidad es una buena cualidad adulta. Tal vez podría ayudar a gente herida trabajando en un hospital o convirtiéndose en consejero. O esa cualidad simplemente le será útil haciendo de él un buen marido y padre algún día. Fue divertido ver cómo los engranajes se ponían a girar en su cabeza. Era obvio que nunca había pensado en ello y que le animaba».

Aun cuando corrijas a tus hijos por sus debilidades, tómate un tiempo para explicarles el porqué. No es solo que te incomoden o te hagan enfadar. Es porque ves que les falta una cualidad necesaria para su éxito futuro. No quieres sobredimensionar las deficiencias de los niños de tal modo que sientan que no dan la talla, sino que quieres darles una visión para que desarrollen cualidades positivas para el futuro.

Cada vez que disciplinas a tu hijo lo haces porque quieres que ese niño crezca siendo responsable y saludable. En vez de centrarte en lo que tu hijo o tu hija han hecho mal, tómate un tiempo para enfatizar la cualidad positiva que estás tratando de desarrollar. Puede que los niños se resistan y parezca que no escuchan lo que les dices, pero no te desanimes. Te sorprenderá cuánto entienden de tu corrección y enseñanza.

Enfatizar las fortalezas de un niño, incluso las potenciales, nutre su corazón. Es importante mantener un equilibrio saludable en la crianza entre señalar lo negativo y revelar los aspectos positivos de un niño. Es verdad que la naturaleza pecaminosa corrompe todos los corazones humanos, y que la solución es una relación con Jesucristo. Según van creciendo los niños, necesitan incorporar al Señor en más y más áreas de sus vidas. Aunque los niños no amen al Señor como tú lo haces, puedes ofrecerles una visión de ello tratándoles como parte de la familia de Dios. De este modo no dejas de compartir la necesidad de arrepentimiento, pero al mismo tiempo hablas mucho de los beneficios de conocer a Jesús.

Imaginar un futuro positivo les otorga a tus hijos esperanza y dirección. Dice: «Vas a conseguirlo. Creo en ti». Es un modo de honrar a tus hijos. Cuando ayudas a tus niños a ver un futuro positivo, les estás dando un regalo que les durará toda la vida, un modo optimista de verse a sí mismos y a sus vidas.

Después de todo, Dios hace eso mismo por nosotros constantemente. Versículos como Jeremías 29.11 nos dan esperanza para vivir ahora al máximo: «Porque yo sé los pensamientos que tengo acerca de vosotros, dice Jehová, pensamientos de paz, y no de mal, para daros el fin que esperáis».

El humanismo mira solo la fortaleza del potencial personal. El teocentrismo descansa en la gracia de Dios. Mientras continúas señalando las fortalezas de tus hijos, asegúrate de hablar del Señor y de su trabajo en sus vidas. No solo quieres que los niños crean que son buenos. Quieres que ellos crean que son receptores de la gracia de Dios. Visualizar un futuro positivo te proporciona la oportunidad de darle a tus hijos una instantánea de la gracia de Dios en acción en sus vidas, tanto ahora como en el futuro.

8

Los niños están en proceso y a menudo necesitan nuevos patrones de pensamiento. Los padres siempre deben estar preparados para aprovechar las oportunidades en las que un niño está más receptivo a la aportación. Por eso los padres regularmente deben...

Buscar momentos del corazón

Cuando Jordan, de ocho años, dice de sí mismo: «No soy bueno. Nadie quiere estar conmigo. Nunca lo haré bien», está repitiendo cosas negativas de su corazón. Rebecca se siente bien en su corazón porque rechazó unirse a aquellos que le faltaron el respeto al profesor. La madre de Michael ve un problema del corazón porque él frunce el ceño y se queja siempre que ella le pide que haga algo. En cada una de estas situaciones el corazón está trabajando.

Jordan, Rebecca y Michael ilustran el hecho de que nos decimos cosas a nosotros mismos en nuestros corazones. David escribió en Salmos 19.14: «Sean gratos los dichos de mi boca y la meditación de mi corazón delante de ti, oh Jehová». Es importante aquello en lo que la gente medita, porque esos pensamientos toman su lugar en el corazón y finalmente salen a la luz como acciones.

El corazón es donde luchamos con las cosas. Cuando la experiencia, la enseñanza y los valores necesitan ser integrados en la vida, eso ocurre en el taller del corazón. La información entra regularmente en nuestras cabezas, pero mucha simplemente se queda ahí. Solo cuando baja hasta nuestro corazón se convierte en parte de nuestra vida.

Cuando los padres usan un enfoque basado en el corazón, aprovechan la oportunidad de esta lucha dentro del niño. Animan el buen pensamiento, contribuyen a la alabanza por el crecimiento del carácter y comentan lo que ayuda o no el diálogo interno a avanzar en la conducta.

Cuando los maestros de la ley peleaban en su interior con el hecho de que Jesús perdonase al paralítico en Mateo 9, él dijo: «¿Por qué pensáis mal en vuestros corazones?» (v. 4). Cuando los discípulos en el camino de Emaús se dieron cuenta de que su invitado sorpresa era Jesús, reflexionaron sobre la experiencia diciendo: «¿No ardía nuestro corazón en nosotros, mientras nos hablaba en el camino, y cuando nos abría las Escrituras?» (Lucas 24.32). En ambos casos el corazón estaba trabajando por dentro, luchando con la información presentada, tratando de integrarla a la vida.

Busca modos de crear momentos del corazón en tu hijo. Ralph fue poco respetuoso con su padre, gritándole y diciéndole cosas malas cuando papá se negó a comprarle el último videojuego que tenían los amigos de Ralph. El papá decidió corregir a su hijo pero no quería que solo se quedase en palabras. Quería alcanzar su corazón. Primero el papá sentó a Ralph en el pasillo para que se calmase. Eso le llevó una hora mientras Ralph seguía furioso y haciendo pucheros. Cuando al final Ralph regresó, el papá le explicó a Ralph que los berrinches de cólera eran inaceptables y que él, como su papá, tenía la responsabilidad de disciplinar a su hijo e intentar ayudarlo. Así pues, Ralph perdería el privilegio de la computadora durante un tiempo.

Por supuesto, esas noticias volvieron a poner a Ralph hecho una furia. El papá se negó a unirse a la escena de ira y mandó a su hijo de vuelta al pasillo para que volviera a calmarse. Esta vez pasó media hora antes de que Ralph se calmase y quisiera saber cuándo volvería a tener su privilegio de la computadora. El papá le explicó con calma: «No he establecido un tiempo para eso. Quiero ver algunas mejoras en el modo en que manejas la corrección y un no por respuesta. Además, me gustaría ver que vienes a mí y me preguntas si hay algún modo en que puedes ayudar, y te daré algunas tareas. En los próximos días, si puedes mostrarme que estás intentando cambiar el modo en que te relacionas conmigo, y piensas en mí y no solo en ti mismo, entonces trataremos de volver a la computadora».

Entonces el papá esperó. ¿Funcionaría su plan o necesitaría algunos ajustes? El papá sabía lo que estaba buscando. Quería ver un sentimiento de cooperación y autocontrol en su hijo. Durante los siguientes días vio los momentos del corazón que estaba buscando. Ralph se ofreció para ayudar y tuvo una buena actitud. El papá le dijo a Ralph que no en un par de ocasiones y fue obvio que Ralph, aunque se disgustó, trató de responder con autocontrol. El papá le devolvió a su hijo los privilegios con la computadora, pero solo después de hablar de los cambios positivos que estaban empezando a ocurrir. Ralph todavía está aprendiendo y creciendo, y el cambio completo probablemente le llevará varios años, pero su papá le corrigió con la vista puesta en el corazón y sintió que hizo un progreso significativo en aquel incidente.

Demasiados padres se centran solo en la conducta, en cosas como hacer trabajos en la casa o completar las tareas de la escuela. Aunque esto es importante, el trabajo real de la paternidad se hace en el corazón. Permanece atento a los momentos del corazón. A veces puede que te sorprendan. Prepárate para ellos, porque no llegan tan a menudo como te gustaría.

Con frecuencia Jesús aprovechó los momentos del corazón. Un día le dijo al joven rico: «Si quieres entrar en la vida, guarda los mandamientos». Pero luego fue incluso más allá, diciéndole al joven exactamente lo que necesitaba hacer para complacer a Dios: dar sus riquezas a los pobres (Mateo 19.17, 21). Jesús le desafió en el nivel del corazón. Aquí hay unos cuantos ejemplos más de momentos del corazón con los que te puedes identificar.

Sarah hizo una linda tarjeta para su padre para el Día de San Valentín. Era obvio que le había puesto un montón de amor y cariño. El papá se dio cuenta de que no era solo una tarjeta; era un regalo del corazón de su hija. Pasó algo más de tiempo disfrutando de la tarjeta y de su hija, además de alentar su amor y compasión.

Alberto hizo un comentario acerca de algo que aprendió en la iglesia. Su mamá le hizo más preguntas y debatió la cuestión con su hijo, dándose cuenta de que era un momento del corazón. Habló un poco más con Alberto, ayudándole a desarrollar la verdad para que tuviera incluso un impacto mayor sobre su pensamiento.

Kevin se dio cuenta de que su hija había sido herida por una amiga de la escuela. En vez de decirle que dejara de llorar, reconoció que era un momento del corazón y consoló a su hija. Por supuesto, ella apreció el amor y el cariño de su padre, y solo con la presencia de él a su lado durante unos cuantos minutos la ayudó a solucionar las cuestiones en su corazón.

Cada mañana cuando te levantes ora por tus hijos. Pídele a Dios que te muestre oportunidades para momentos del corazón con ellos. Te sorprenderá la diferencia que marcará en tu familia. Proverbios 20.5 nos recuerda:

9

A menudo aumenta la tensión en la vida familiar cuando los padres no ajustan sus estrategias de crianza para que concuerden con el nuevo estadio de desarrollo de sus hijos. Por lo tanto, para los padres es importante...

HACER CAMBIOS EN LA CRIANZA

PATRICIA DESEA SER LA MEJOR MADRE POSIBLE, PERO encuentra la paternidad una tarea abrumadora. Así es como ella lo plantea: «Justo cuando pienso que lo tengo todo controlado, entonces algo cambia y tengo que hacer ajustes importantes. Criar bien a veces parece un blanco móvil». Patricia está en lo cierto. Los buenos padres siempre están aprendiendo y creciendo, pero hay una estrategia a tener presente según crecen y cambian tus hijos. Cuando un niño pasa a una nueva etapa del desarrollo, debes hacer un cambio en la crianza para suplir sus nuevas necesidades y capacidades de desarrollo.

Se han hecho muchas investigaciones sobre las etapas de desarrollo de la infancia. Los bebés aprenden a sentarse, después a gatear y por último a andar. Los niños van adquiriendo más capacidad para razonar según crecen, y la lógica comienza a tener sentido cuando se adentran en la preadolescencia. Una implicación lógica de estos cambios de desarrollo es que los padres tendrán que hacer cambios en la crianza sobre la marcha. Algunos de estos cambios son menores o sutiles; otros son más significativos.

Ser padres es una experiencia en crecimiento. Querrás que tu filosofía bíblica de la paternidad permita una flexibilidad que se adapte a las necesidades cambiantes de tu hijo. Por desgracia, algunos padres tienen en su cabeza la idea de lo que es una buena paternidad y les falta la flexibilidad necesaria para ser eficaces. Aunque una estrategia pueda funcionar bien en cierto momento, puede que sea necesario modificarla o incluso abandonarla en otro.

Por ejemplo, cuando ese pequeño bebé llega a casa desde el hospital, se convierte rápidamente en el centro de atención. El recién nacido establece el horario de comidas y de sueño. A menudo ambos padres tienen que amoldar sus vidas al pequeño. Sin embargo, cuando tu bebé comienza a crecer y a desarrollarse, tú también cambias. Ya no saltas cada vez que llora. Empiezas a poner límites en el niño con movilidad y determinas un esquema de comidas para un niño mayor. La infancia requiere que los padres renuncien a un horario programado y respondan rápidamente a las necesidades del bebé. Según va creciendo el niño, ocurre un cambio en la crianza, y los padres necesitan que el niño espere más, se ajuste a un horario y aprenda a considerar las necesidades de los demás.

Algunos padres intentan simplificar su trabajo estableciendo políticas que piensan que les durarán durante años, aparentemente creyendo que un único enfoque de la crianza se ajusta a todo. Un padre dijo acerca de su hijo de un mes: «Voy a parar la rebelión adolescente justo aquí». Acto seguido estableció algunas reglas bastante estrictas acerca del sueño y de la comida, forzando a su nuevo niño a un horario para establecer su autoridad. Eso es una triste malinterpretación de las necesidades y capacidades del desarrollo.

Pablo reconoció un cambio en la crianza espiritual en 1 Corintios 3.1–2: «Hermanos, no pude hablaros como a espirituales, sino como a carnales, como a niños en Cristo. Os di a beber leche, y no vianda; porque aún no erais capaces, ni sois capaces todavía». Incluso espiritualmente, pasamos por cambios en nuestro pensamiento y, como resultado, con el tiempo podemos aprender más acerca de la gracia de Dios.

En cada etapa de desarrollo los padres deben hacer modificaciones en su enfoque. Un bebé pequeño debe tener suplidas sus necesidades físicas y emocionales constantemente para que pueda desarrollar una sensación de seguridad y para que vea el mundo como un lugar seguro. Según van creciendo hasta convertirse en preescolares, necesitan desarrollar dos cualidades de carácter primarias: sensibilidad a la autoridad y autocontrol. Los niños de primaria necesitan oportunidades para resolver los problemas por sí solos y mucha enseñanza acerca de la responsabilidad, qué es y cómo funciona. Los adolescentes necesitan un enfoque completamente diferente, equilibrando con cuidado la firmeza con un extra de diálogo mientras desarrollan su propio sistema de valores y deciden qué van a ser de adultos.

Considerar el nivel de desarrollo de tu hijo y hacer los cambios apropiados en la crianza puede marcar toda la diferencia entre un niño que acepta tu guía y otro que se resiste a tu liderazgo. No cometas el error de pensar que solo porque permites que tu bebé coma «a demanda» seguirá demandando cuando crezca. Por el contrario, la infancia es el tiempo de construir la confianza y los vínculos, y eso a menudo se consigue respondiendo rápidamente a las necesidades de los bebés. Tendrán lugar varios cambios en las etapas de crecimiento y madurez desde ahora hasta la adolescencia, y tendrás multitud de oportunidades de hacer ajustes que afecten los patrones de sus vidas.

Otro ejemplo de fracaso a la hora de hacer los cambios necesarios es cuando el preescolar corre por la casa. Si los padres todavía tratan al niño de tres años como si tuviera tres meses, el egocentrismo aumenta y dificulta las relaciones interpersonales. Normalmente no pasa mucho tiempo antes de que los padres se den cuenta de que necesitan ajustar e imponer más límites. Cuando los padres son lentos a la hora de hacer los cambios necesarios en la crianza a cualquier edad, los niños desarrollan síntomas más radicales que despiertan en los padres la necesidad de cambio.

A menudo las señales de que se necesita ese cambio son el aumento de la fricción y de la frustración en las dinámicas familiares. Si la vida familiar no está funcionando, puede que cierta cantidad de causas necesiten atención. Eso casi siempre significa que los padres tendrán que cambiar el modo en que trabajan con sus hijos. Los viejos métodos para relacionarse ya no funcionan del mismo modo. De hecho, parece que en realidad causan problemas. A veces el cambio en la crianza es el resultado de cambios en el desarrollo. Otras veces se necesita un enfoque diferente debido a la personalidad del niño o a una creciente debilidad del carácter.

Según van creciendo tus hijos, estate preparado para crecer con ellos y realizar los cambios necesarios para influirles eficazmente. Incluso los mejores padres deben hacer algunos cambios en su método de crianza según van creciendo los hijos. Cuando los niños se hacen adolescentes, querrás ajustar muchos de los modos en que te relacionas. Aunque hayas sido capaz de «controlar» a los niños pequeños, la palabra clave para los adolescentes es *influencia*. La firmeza todavía es importante, pero ahora más que nunca estás buscando modos de convencer, persuadir y comunicar la mejor forma de vivir.

Los cambios llevan tiempo, y tu influencia producirá grandes resultados. Ser padres es un trabajo complicado con pocas respuestas fáciles. La

responsabilidad requiere crecimiento y flexibilidad continuos para trabajar con las necesidades cambiantes de tu hijo. Además, tener varios hijos
requiere que los padres trabajen en varios niveles al mismo tiempo. Rara vez
funciona tratar a todos los hijos del mismo modo, porque cada uno necesita
algo diferente.

Para maximizar tu paternidad, debes ser un estudiante. Tu crecimiento
continuo es esencial. Estudiar la Palabra de Dios te dará valiosas perspecti-
vas sobre tus hijos, y leer libros sobre crianza y asistir a seminarios te dará
herramientas añadidas para ayudar a tu familia. Estudia a cada uno de tus
hijos para ayudar a desarrollar un plan único para cada uno. Está dispuesto
a hacer cambios sobre la marcha y obtendrás el mayor éxito.

10

LA PATERNIDAD ES UNA INVERSIÓN: PIENSA A LARGO PLAZO

CAROL LES GRITA A SUS HIJOS MUCHO MÁS DE LO QUE LE gustaría, pero la resistencia continua de ellos la exaspera. Mark se encuentra solucionándole los problemas a su hija más allá de lo que él piensa que es bueno. Y la solución de Marie a los conflictivos problemas entre hermanos en su casa es mantener a los niños separados. En todas estas situaciones, desarrollar estrategias a largo plazo les enseñará mejor a estos niños las cualidades que necesitarán en el futuro. Una parte importante de tu filosofía bíblica de la paternidad requiere que inviertas ahora para el futuro.

La crianza construye patrones en los niños que continuarán más allá de su infancia. De hecho, los niños están aprendiendo cosas acerca de la vida, sobre cómo relacionarse con los demás, resolver problemas y manejar sus emociones. Las soluciones que los padres emplean ahora tienen el potencial de ayudar a sus hijos durante el resto de sus vidas. Una crianza eficaz requiere un enfoque estratégico y meditado pero, por desgracia, muchos padres no tienen un plan. Solo reaccionan a las situaciones de la vida según se presentan. La alternativa a tener un plan estratégico a largo plazo es enzarzarse en lo que llamamos *crianza reactiva*.

La crianza reactiva a menudo consigue que se haga el trabajo, al menos por el momento, pero tiene un alto precio. Gritar a los niños, por ejemplo, funciona para hacer que se suban al coche o que quiten la mesa, pero al final eso no les enseña las habilidades ni el carácter que necesitan al largo plazo. De hecho, cuando los padres gritan a los niños suceden tres cosas. Primero, los niños escuchan el mensaje de *no me quieren, no merezco la pena, soy inaceptable.* Segundo, la relación padre-hijo se distancia. Y tercero, el padre se siente mal, porque sabe que la ira es una estrategia de crianza inapropiada y con probables efectos negativos a largo plazo.

La alternativa es pensar estratégicamente sobre la situación presente y el futuro. El corazón contiene creencias y convicciones, y forma las tendencias que tiene un niño cuando se enfrenta con la misma situación una y otra vez. Por ejemplo, cuando un niño reacciona a la frustración con un estallido de ira, eso es un asunto del corazón. Cuando un niño roba comida y la esconde en su cuarto, ocurre lo mismo. Según las situaciones diarias vayan proporcionando oportunidades para la crianza, puedes ayudar a tus hijos a desarrollar el carácter que necesitarán para tener éxito en la vida. Los padres que piensan a largo plazo se enfrentan a los problemas de la crianza con una estrategia diferente y mucho más eficaz. Es una cuestión de perspectiva.

Un enfoque estratégico hace diferentes preguntas. En vez de simplemente hacer que sus hijos recojan o estén quietos, los padres preguntan: «¿Qué cualidad del corazón falta aquí y cómo podemos desarrollar esa cualidad a largo plazo?». La pregunta por sí misma a menudo revela algunos enfoques diferentes y una herramienta de medida más eficaz para el éxito.

Cuando piensas en ello, los problemas que los niños enfrentan ahora son los mismos con los que se encontrarán cuando se hagan mayores. Por ejemplo, muchos adultos gimotean, se quejan, tienen mala actitud y no pueden seguir una simple instrucción sin discutir. Así que, ¿por qué no desarrollar soluciones adultas para los problemas de los niños ahora, adecuarlos a su nivel de desarrollo y practicar la respuesta correcta?

Por ejemplo, Bill tiene trece años y llora y gimotea por todo tipo de cosas en su vida. Su mamá a menudo acaba irritada con Bill y, en su desesperación, le manda fuera del cuarto. Después de un rato la madre se da cuenta de que el problema de Bill es que sistemáticamente comunica su pena cuando no consigue lo que quiere. En vez de enfadarse directamente con Bill, su mamá ahora ve que las quejas de Bill son un síntoma de que él se centra en el problema en vez de en la solución. «Bill, hay dos clases de personas en el mundo, los que se quejan y los que resuelven el problema. Hasta ahora parece que tú has elegido ser de los que se quejan. Tienes que ir a sentarte en el pasillo hasta que pienses en algo por lo que estás agradecido».

Después de dos semanas con este firme enfoque con Bill, la mamá vio importantes mejoras en su hijo. La diferencia fue que ella misma se centró en la solución en vez de reaccionar frente a su problema.

Muchos niños crecen y se convierten en adultos con el problema de Bill. Expresan su pesar a los demás cuando no consiguen lo que quieren. Un enfoque de la paternidad desde el corazón reconoce que esa conducta viene del corazón, y que los cambios hechos ahora producirán un carácter duradero más adelante.

Un modo de pensar a largo plazo es preguntarte constantemente: «¿De qué modo está ayudando mi enfoque de este problema a que mi hijo desarrolle la madurez necesaria para cuando sea adulto?». Ten cuidado con las soluciones rápidas en la paternidad. Puede que consigas resultados rápidos, ¿pero qué le estás enseñando a tu hijo al final?

Mary comete el error de pensar a corto plazo y usa la psicología inversa con su niño de tres años. «No te comas las verduras», dice en broma mientras se da la vuelta y va hacia la cocina. Su hijo rápidamente las engulle. Ella cree que ha ganado la batalla para que su hijo coma bien, pero a la larga está alentando la desobediencia. «No recojas los coches mientras me voy», dice ella, y su nene rápidamente entra en el juego. Mary simplemente mira el presente y cree que ha tenido éxito porque su hijo ha recogido el desastre. Por desgracia, en realidad le está animando a que la desobedezca. Hay demasiados padres como Mary, que se contentan con soluciones inmediatas que tienen un alto precio para el futuro.

Roberto nos contó esta historia. «A veces utilizaba el sarcasmo o me burlaba de mi hijo cuando él se equivocaba. También le gritaba y mostraba mi disgusto ante su inmadurez. Y funcionó. Mi hijo respondía a mis desafíos y cambiaba, pero empecé a ver efectos secundarios en mis comentarios desconsiderados. Me di cuenta de que mi hijo no sentía que le quería, y nuestra relación empezó a distanciarse. Se hizo claro que me estaba centrando más en la situación que en cimentar la confianza y la madurez. Quería pensar con más cuidado el modo en que estaba motivando a mi hijo a hacer lo correcto. Esa conclusión cambió el modo en que me relacionaba. Soy mucho más cuidadoso con mis comentarios, midiendo el impacto a largo plazo».

Incluso algo tan sencillo como aprender a seguir instrucciones enseña madurez. Dios ha escondido en la obediencia el ingrediente secreto para el éxito en la vida. Cuando los niños obedecen, aprenden a dejar a un lado sus planes por otra persona, a completar un trabajo sin que papá y mamá se lo tengan que recordar, a informar cuando hayan terminado y a ser responsables cuando nadie está mirando.

Y lo más importante, mientras aprenden a seguir las instrucciones de mamá y papá, los niños desarrollan el carácter necesario para obedecer a Dios cuando se hagan mayores.

La paternidad conlleva un montón de trabajo, pero el tiempo que inviertes ahora tiene beneficios que durarán toda la vida. Después de todo, algunas de las cualidades más importantes de la vida —como la humildad, la obediencia, el respeto, la buena actitud, la responsabilidad, la cooperación y el honor— se aprenden en la infancia. Las interacciones diarias que tienes con tus hijos hoy pueden impactarles durante el resto de sus vidas.

El libro de Proverbios nos recuerda que nuestro trabajo presente como padres tiene ramificaciones a largo plazo. Dice: «Instruye al niño en su camino, y aun cuando fuere viejo no se apartará de él» (22.6). Tus hijos están ahora entrenando para el futuro. Tú eres el entrenador. Si piensas en el futuro de tu hijo, las interacciones diarias de tu familia tomarán un mayor significado.

11

*Cuando tu familia comienza a tirar hacia muchas
direcciones diferentes debido a los intereses y necesidades
individuales, puede que sea hora de centrarse en el...*

TRABAJO EN EQUIPO... LO MEJOR DE CADA INDIVIDUO

TAMMY TIENE CATORCE AÑOS Y LE VA BIEN EN LA ESCUELA y con sus amigos. Sus padres están encantados. Su hermano de diez años, Matthew, está en un equipo de fútbol federado. Sus padres ayudan a Matthew a desarrollar la diligencia en sus tareas de clase, y sus notan mejoran. Todos asisten a la iglesia y están involucrados en diversas actividades. Parece que cada miembro de la familia lo está haciendo bien, al menos hasta el momento, pero papá y mamá sienten que falta algo. Desearían que su familia disfrutara más de su relación juntos. De alguna manera, parece que al centrarse en sus éxitos individuales estén dificultando su sentido de familia. Estos padres son sabios al atajar un problema temprano. Algunas familias están tan centradas en los logros o en los desafíos de cada individuo que la familia entera sufre.

La independencia le enseña a los niños cualidades importantes, como la resolución de problemas, la confianza y la responsabilidad; sin embargo, debe estar equilibrada con la habilidad de trabajar en equipo. El trabajo en equipo requiere comunicación, compromiso y cooperación, cualidades esenciales que los niños necesitan para la vida. Los niños necesitan conocer aquello que los hace especiales y únicos, pero también se benefician de ver cómo un enfoque en equipo de los desafíos de la vida produce grandes resultados. De hecho, toda la vida se refleja en este cuidadoso equilibrio que enfrenta los activos de cada persona con las fortalezas del grupo. Apreciar a los demás y trabajar junto a ellos a menudo ayuda a que el equipo lo haga mejor que cada individuo trabajando por separado.

Imagina un partido de fútbol en el que cada jugador trata de marcar gol en solitario y ganar la gloria y la satisfacción por su cuenta. Obviamente, el partido sería un desastre. Solamente por medio de la organización y la cooperación el equipo tendrá éxito. Lo mismo sucede en una familia.

Cuando el sentido del trabajo en equipo es fuerte, las familias van bien. Los individuos se juntan para hacer que las cosas sucedan. Puede que sea un día para limpiar el patio o el cometido de cuidar de un amigo o pariente enfermo. Pero cuando se manifiesta el trabajo en equipo, se ponen a un lado las necesidades individuales para que la tarea tenga éxito o para el bien de otra persona. Los miembros de la familia tienen un sentimiento de satisfacción cuando se obtiene el éxito con un buen trabajo en equipo. «¡Lo hicimos!», será la ovación al final del día. «Juntos podemos conseguir grandes cosas».

El trabajo en equipo no siempre es sencillo, especialmente si tienes niños que son bastante competitivos o egocéntricos. En ese caso, el trabajo en equipo se convierte en terapia, trabajando con los niños a lo largo del tiempo para ayudarlos a desarrollar las cualidades de corazón necesarias para ser buenos miembros de equipo. A menudo es necesario reprogramar a los miembros de la familia para que piensen en el objetivo y en cómo aunar esfuerzos para conseguirlo.

En una familia, mamá y papá se sentían incómodos con la falta de trabajo en equipo de su familia. Veían cómo cada uno de sus hijos planeaban eventos individuales que ellos querían hacer. Pete, de doce años, quería jugar en el equipo de béisbol de la escuela. Karen, de diez, eligió unirse al club de ajedrez después de clase. Micah, de seis, empezó clases de kárate. Mamá y papá se sentían los chóferes y los coordinadores de los eventos sociales de sus hijos.

La verdadera desventaja, sin embargo, no era una agenda apretada; mamá y papá comenzaron a ver una mentalidad individualista que les preocupaba. Los amigos de Pete y sus horarios de entrenamiento empezaron a tomar prioridad sobre sus tareas domésticas o el tiempo para jugar con su hermano pequeño. Las energías y el tiempo de Karen parecían engullidas por sus compañeros de clase y sus tareas escolares. Aunque Micah disfrutaba de las clases de kárate, a menudo se sentía solo y rogaba que vinieran sus amigos a jugar o que le dejasen ver la televisión. Mamá y papá sentían que estaban criando a tres jóvenes individuales que tenían muy poca relación entre sí.

Estos padres determinaron hacer algunos cambios. Desde ese momento, el domingo por la tarde sería un tiempo para la familia, y eso significaba que todo el mundo tenía que estar en casa. Primero hicieron una reunión para hablar de los beneficios de la familia. Hablaron del tesoro de tener hermanos y una hermana creciendo juntos y cómo uno protege los tesoros. Después trazaron el plan. El primer domingo fue para jugar. La semana siguiente sería para trabajar. La tercera semana hicieron un rompecabezas juntos. Una semana planearon unas vacaciones familiares. Aunque al principio hubo resistencia, con el tiempo el sentido de trabajo en equipo familiar creció y cada miembro buscó esos momentos especiales juntos.

Este sentido de trabajo en equipo consigue varias cosas en el corazón de un niño. Lo primero de todo, lidia con una parte del egoísmo que reside allí de forma natural. Los niños deben aprender, en sus niveles de desarrollo, que tienen que dejar a un lado sus necesidades y actuar en ocasiones en interés de otra persona. A veces esto es difícil para los niños, pero es muy importante para tener éxito en las relaciones a lo largo de la vida.

Segundo, el trabajo en equipo desarrolla el sentimiento de pertenencia. Cuando me siento apreciado por mi contribución al grupo, me siento conectado a los demás. Esto engendra seguridad en los niños y les ayuda a desarrollar la confianza.

Un tercer beneficio del trabajo en equipo es la gran comprensión de uno mismo. Cuando trabajo codo con codo con mis hermanos y hermanas, y mi mamá y mi papá, empiezo a aprender cosas importantes de mí mismo y de aquello que me hace único y diferente. Cuando un niño comienza a contribuir con el equipo, esa clase de servicio pone información sobre la mesa. Suzy es lenta y metódica. Trabaja prestando atención a los detalles. Paul es un visionario. Él puede ver el proyecto por completo e imaginar cómo debería lucir el producto terminado. Cuando un niño disfruta de la familia como parte del equipo, incluso es posible que disfrute mejor de quién es y de lo que le hace especial.

La Biblia ofrece ilustraciones de familias a las que le faltó ese sentido de trabajo en equipo, y los resultados fueron desastrosos. Algunas familias, como la de Abraham y sus dos hijos, Isaac e Ismael, en el Antiguo

Testamento, se rompieron por culpa de la desunión. Cuando Isaac creció no lo hizo mucho mejor que su padre. Isaac y Rebeca escogieron a sus favoritos. El papá prefería a Esaú y la mamá a Jacob, dando como resultado la ruptura de su familia. Pensarías que aprendieron, pero entonces viene la historia de Jacob y de sus doce hijos. El papá prefería a José, creando así más conflictos entre hermanos. La falta de trabajo en equipo en la familia había pasado de generación en generación.

Pablo escribió en Gálatas 6.2–5 acerca del equilibro entre cuidar de tu negocio y ayudar a los demás al mismo tiempo. Él dijo: «Sobrellevad los unos las cargas de los otros, y cumplid así la ley de Cristo. Porque el que se cree ser algo, no siendo nada, a sí mismo se engaña. Así que, cada uno someta a prueba su propia obra, y entonces tendrá motivo de gloriarse solo respecto de sí mismo, y no en otro; porque cada uno llevará su propia carga». Este es un gran consejo para la iglesia, pero también es útil para la familia terrenal. Los niños pueden aprender el equilibrio con práctica poco a poco.

Puede que optes por llamar equipo a tu familia de vez en cuando solo para comunicar la unidad que comparten. Cuando hay que realizar una tarea, el «equipo Smith» auna esfuerzos. Puedes que trabajen duro para limpiar la casa, cuidar del jardín o amontonar las hojas. Pero luego también vienen los privilegios juntos como familia: salir a comer fuera, jugar o comprar un helado.

El trabajo en equipo se manifiesta de forma diferente en cada familia. En algunos casos significa que todos aparezcan en los eventos deportivos de los niños, o que trabajen juntos para hacer el reparto de periódicos. En otros casos significa reservar la hora de la cena, requiriendo que la familia esté junta en ese rato y haciendo de la cena un importante evento social. La familia disfruta de la unidad en la medida que sus miembros comparten actividades, experiencias y desafíos comunes.

Uno de los signos de una familia exitosa es la habilidad para trabajar como equipo. Si ves a tu familia fragmentada o trabajando más separados que juntos, puede que sea hora de poner algo de energía en el área del trabajo en equipo.

12

*Cuando evalúas todas tus tareas como padre,
es útil volver sobre tus pasos regularmente y
reenfocarte mirando a...*

Tu responsabilidad primordial

Prueba esto. Pregúntale a tu hijo: «¿Habla Dios contigo?», y después escucha la respuesta. Es impresionante cómo muchos niños no se dan cuenta de que Dios quiere hablarles ahora. De hecho, muchos niños creen que serán cristianos solo cuando sean mayores. Esto es horrible, en especial dado el hecho de que el trabajo de Dios en el corazón de un niño es una parte estratégica de su creciente madurez.

De todo lo que haces en la crianza, el trabajo más importante que tienes es formar a tus hijos para que sean discípulos de Jesucristo. La Biblia es la guía para la vida, y cuando la gente, incluyendo los niños, la siguen, ocurren cosas buenas. ¿Pero cómo puedes enseñarle a un niño acerca de las Escrituras sin hacer aburrido el proceso?

Algunos padres solo usan las Escrituras para corregir a sus hijos, dándoles la impresión de que la tarea primordial de Dios en nuestras vidas es juzgarnos. Si solamente utilizas la oración y las Escrituras para corregir a tus hijos, estás dándoles una impresión equivocada de Dios. Él es aquel que también se deleita en pasar tiempo con nosotros, nos afirma que somos sus hijos y nos guía cada día. Estos aspectos positivos de nuestra relación con Dios deberían comunicarse a los niños a través de la vida familiar de forma regular. El uso de la Palabra de Dios en la crianza es importante, y aquí tienes algunas sugerencias para comunicar bien el mensaje.

Primero de todo, tú quieres que tus hijos aprendan que la Biblia es relevante. Estamos seguros de que tú crees que la Biblia es relevante para tu vida, ¿pero creen tus hijos que las Escrituras son relevantes para ellos? Uno de los modos en que puedes ayudar a los niños a aplicar ahora la Palabra

47

de Dios es terminar las historias bíblicas con esta pregunta: «¿Cuál es la lección que aprendemos de esta historia?». Después de todo, contarles a los niños la historia de Daniel y los leones es diferente a contarle la historia de los tres ositos. La Biblia es relevante. Salmos 119.105 dice: «Lámpara es a mis pies tu palabra, y lumbrera a mi camino». Los niños pueden aprender lecciones prácticas ahora que impactarán sus vidas y les guiarán a la hora de tomar decisiones. Analizando las lecciones de la historia, los niños aprenden a aplicar las Escrituras a cualquier edad.

Otro objetivo es comunicar a tus hijos que la Biblia es emocionante. Las oraciones no se deberían relegar a la mesa de la cena. Mantén a los niños corriendo, buscando un tesoro y resolviendo problemas. Recuerda que el lenguaje de los niños es la actividad. Cuando se enseñan verdades espirituales a los niños, es mejor usar su propio lenguaje. Un tiempo de oración en familia debería ser el rato más divertido de la semana. Si tú hablas su lenguaje, ellos no solo disfrutarán del tiempo familiar, sino que pedirán más.

Aquí tienes un ejemplo de una actividad y una lección útiles. La cooperación y el liderazgo en la vida familiar pueden ser un desafío. Toma la historia de Moisés y la zarza ardiendo y habla de algunas de las razones por las que Moisés no quería liderar al pueblo de Israel. (¿Y si se equivocaba? La gente se reiría. Puede que no quisieran escucharle, podría no saber qué hacer, etc.) Después jueguen al «Tú eres el líder» en familia.

Este juego tiene tres partes. En la primera, elijan una actividad y a alguien que la lidere. La actividad podría ser limpiar la cocina después de la cena, lavar el coche, rastrillar las hojas, ordenar el cuarto de juegos, ir a comprar a la tienda o cualquier otra tarea de la casa. El líder podría ser papá, o mamá, o uno de los niños. Es mejor jugar varias veces y cambiar de líder.

En la segunda parte de la actividad, el líder guía a la familia para completar la tarea. A menudo esto supone un desafío cuando lidera un niño de siete o de quince años, pero todo esto es parte de la lección. No rompan los papeles y asuman el liderazgo.

Cuando el papá no es el líder, puede comenzar a discutir adrede y luego decir: «Oh, lo siento. Eso no ha sido honrado». Cuando la mamá no esté liderando, ella puede comenzar a quejarse con una voz chillona. Acciones como esas añaden algo de diversión y se vuelven ejemplos visuales de los problemas que experimentan los seguidores.

La tercera parte del juego es la más importante. Siéntense y hablen de la experiencia. Haz preguntas como: «¿Qué te ha resultado difícil a la hora de liderar? ¿Qué encontraste difícil cuando fuiste seguidor? ¿Prefieres liderar o seguir? ¿Por qué? ¿Qué hace fácil liderar? ¿Qué hace fácil seguir?». Utiliza estas preguntas para hablar de tu experiencia específica, pero también para discutir acerca de liderar y de seguir en general. Sé trasparente y comparte algunas de las luchas a las que te enfrentas. Después regresa a la historia de la Biblia de cuando Moisés lideró a los israelitas por el desierto en Éxodo 3 y habla de los desafíos que Moisés tuvo que experimentar.

Después de esta actividad, una madre compartió que ella prefería seguir a liderar, pero que a menudo se veía impulsada a adoptar un papel de liderazgo. El padre, por otro lado, prefería liderar en algunas situaciones, pero él debía seguir porque la madre participaba regularmente en esa área de la vida familiar. La hija pequeña compartió que liderar se le hacía más difícil cuando los seguidores se quejaban y no cooperaban. El padre también habló de ser un seguidor en el trabajo. A veces él necesita ser un participante útil y buscar oportunidades para animar a los demás a que consigan sus objetivos.

Hagas lo que hagas, no hagas aburrido el tiempo de oración. La Biblia es el libro más emocionante del mundo. No solo contiene modelos a imitar en forma de héroes para todas las edades, sino que también provee a los adolescentes de dilemas éticos de los que hablar para ayudarlos a poner a punto su sistema de valores.

Un padre nos habló del comentario al libro de Proverbios que creó con sus hijos. Extendieron por la mesa hojas de papel con encabezados como «forma de hablar», «dinero», «escuchar», «disciplina» y «relaciones chico/chica». Después, según el padre iba leyendo un capítulo, los chicos identificaban los versículos que podían aparecer en alguna de sus hojas. Preguntaban: «¿Cómo se aplica este versículo a los adolescentes, la familia o a la vida en general?». Nunca publicaron el comentario, pero el proceso ayudó a fijar la sabiduría de Proverbios en el corazón de los chicos.

No requiere mucho tiempo tener un periodo familiar como este, pero sí se necesita algo de planificación. Solo veinte o treinta minutos a la semana de tiempo juntos estructurado produce lecciones sobre las que puedes volver una y otra vez de forma espontánea durante meses. El mensaje que estás enseñando a tus hijos es que la Biblia es emocionante y relevante para sus vidas. Ese mensaje en su propio lenguaje, durará para siempre.

13

Con todos los desafíos que enfrentan los padres tratando de ayudar a sus hijos a crecer y cambiar, una de las herramientas más eficaces es el ánimo. Otórgale una dimensión positiva a tu paternidad y...

Señala los días buenos

—Ayer fue un buen día —informó Laura a su amiga Shelley en el parque—. Parece que mis hijos cooperaron más conmigo y entre sí. Me siento como si hubiera tomado un respiro durante un día entero. Fue inusualmente pacífico.

La respuesta de Shelley sorprendió a Laura:

—¿Lo señalaste?

—¿Señalarlo? ¿Qué quiere decir eso?

—Señalar es reconocer un día positivo con tus hijos. Indica lo bueno que viste y diles cuánto aprecias su cooperación y su buena actitud.

La observación de Shelley es muy importante para cualquier familia. Cuando las cosas van bien, no lo tomes simplemente como una oportunidad para descansar antes del siguiente problema. Sé proactivo y aprovecha el buen día afirmando su importancia.

En los días buenos puedes hacer cosas que no puedes hacer en los malos. Los buenos son aquellos días en que un niño trata de superar la debilidad en la que han estado trabajando. Ha tratado de responder mejor a las órdenes o está controlando su ira y no explota cuando no consigue lo que quiere. Al final de un buen día tú te sientes animado, creyendo que quizá haya esperanza para un futuro positivo.

Los días malos son aquellos en los que los niños se te resisten, no cooperan con el plan y parece que intentan hacer que la situación sea peor en vez de mejor. Aunque desearíamos que todos los días fuesen buenos, la realidad es que a veces los malos días ocurren y necesitan ser abordados.

Tú querrás aprovechar las ventajas de las lecciones que se pueden aprender tanto en los buenos días como en los malos. Puesto que el cambio llega a pasos pequeños, a menudo verás buenos días que te animen, pero también es muy probable que haya un día malo a la vuelta de la esquina. Así que aprovecha los buenos días proporcionándoles un montón de ánimos y de alabanza. Puedes reconocer lo positivo que te sientes cuando tus hijos hacen algún progreso, pero asegúrate de afirmar el carácter en crecimiento que ves con la intención de alentar un sentimiento positivo de progreso en tu hijo. «Corey, me encanta tu corazón compasivo». «Sharla, sé que es difícil ser sincero a veces, y me doy cuenta de que realmente estás trabajando en ello».

A veces los niños no ven su propio crecimiento. Después de todo, ellos no tienen suficiente experiencia en la vida para ver que los cambios ocurren. De hecho, muchos padres callan ante el progreso pero hablan muy alto de las deficiencias. Incluso en medio de los días positivos, muchos niños creen que lo están haciendo bastante mal. Puedes decir: «Joan, me impresiona tu habilidad para manejar la frustración hoy. Solía pasar que rápidamente te lanzabas a una rabieta, pero ahora pareces mucho más fuerte en esta área». Tu afirmación en los días buenos puede darle esperanza a tu hijo.

Proverbios 25.11 dice: «Manzana de oro con figuras de plata es la palabra dicha como conviene». Las palabras de aliento de un padre dichas en el momento adecuado pueden proporcionar la medicina para el corazón de un niño. Algunos padres se lanzan enseguida con el sarcasmo, las palabras duras o están deseosos de «enseñarle a este niño una lección». Recuerda que las palabras positivas de aliento preparan el camino para el crecimiento en la vida de un niño.

Cuando enfatizas lo positivo, estás señalando ese día. En los siguientes días, cuando las cosas no vayan tan bien y parezca que se está desarrollando un mal día, puedes mirar atrás a ese día excepcionalmente bueno y decir cosas como: «¿Recuerdas la semana pasada, cuando tuvimos un día estupendo? Entonces sí que estabas esforzándote, y nos sentíamos mejor con la vida. ¿Puedes intentar volver y hacer las mismas cosas de aquel día?».

Señalar los buenos días le da a los niños un recuerdo al que regresar. Recuerda que para crear una señal tienes que expresar afirmación y ánimo en abundancia el día en que las cosas van bien. Así que cuando parezca que la cosa va bien, no te sientes a descansar y a esperar el siguiente desafío. En vez de eso, aprovecha el momento y sé proactivo en la afirmación y el ánimo.

Por otro lado, en los días malos puedes hacer cosas que no puedes hacer en los buenos. Los días malos son aquellos en los que tu hijo no está respondiendo a las estrategias de corrección que has establecido. Estás haciendo todo lo que sabes hacer, pero aun así tu niño no responde bien. A veces, en los días malos, como padre puedes cambiar completamente tu enfoque para ver si otra táctica ayudaría. Otras veces los niños están determinados a tener un mal día y tú, como padre, debes mantenerte firme. No intentes disfrazar un día malo pretendiendo que no lo fue tanto. Fue malo. Vete a dormir e inténtalo de nuevo mañana.

Además, en los días malos los niños pueden aprender una lección importante y terminar diciéndose: «No quiero tener días malos». Puede que parezca obvio, pero los niños que tienen un cierto número de buenos días a veces vuelven a las conductas negativas porque se olvidan de lo malas que eran las cosas entonces. Puede que tengas que ayudar a tu hija a ver que un mal día es realmente malo y que las decisiones presentes determinan el resultado. El aumento de tu disciplina está directamente relacionado con una conducta mediocre.

La mayor parte de las veces a los días malos les siguen otros buenos. A los niños no les gustan los días malos más que a sus padres. Cuando un padre se mantiene firme y deja clara su postura no cediendo, los niños captan el mensaje y hacen ajustes de acuerdo a ello.

El mal día de un niño es duro para los padres. Probablemente te sentirás disgustado buena parte del día. Recuerda que si haces lo correcto y tu hijo se empeña en resistirse, estás trabajando para romper la cabezonería en el corazón del niño. No le pases tu confusión emocional a tu hijo. Simplemente aguanta con firmeza.

Si los días malos sobrepasan a los buenos, o si lo que haces no parece funcionar, consigue ayuda. Los padres eficaces requieren un crecimiento continuo. Solo porque lo hicieras todo bien con un niño no significa que lo harás bien con un segundo o un tercero. Los niños son todos diferentes y siempre están cambiando, exigiendo que los padres estén a la vanguardia del crecimiento.

La paternidad es dura. Conlleva un montón de trabajo y un aprendizaje continuo. Busca modos de ayudar a los niños a tener días buenos. Los necesitan, y tú también. Los días buenos proporcionan el punto de apoyo para que se desarrolle la esperanza y para que haya una relación positiva que funcione entre padre e hijo.

14

Es decepcionante cuando tratas de poner en práctica tus ideas sobre la crianza y encuentras resistencia por parte de tu cónyuge. Algunos padres se desaniman y abandonan, pero...

No minimices tu poder parental porque tu compañero lo haga de forma diferente

Vicky está desanimada. «Tengo todas estas ideas de lo que quiero poner en práctica con mis hijos, pero mi marido no se suma. Él no ve que sea importante. Quiere hacer las cosas de forma diferente». Es interesante que su marido, Fred, también se sienta frustrado porque su mujer tiene ideas diferentes a las suyas. Ambos se sienten impotentes y desanimados. Aunque es alentador ver que el padre y la madre comparten la misma filosofía de la paternidad y la ponen en práctica juntos, en realidad eso no funciona así siempre. De hecho, tus niños tienen algo que aprender de cada uno de ustedes; así que no permitan que los diferentes enfoques les desanimen.

Por supuesto, siempre que sea posible, tú quieres buscar modos de estar en la misma onda que tu cónyuge. Leer libros, escuchar música o asistir a clases para padres juntos puede proporcionar oportunidades de diálogo acerca de los valores y desarrollar planes para tu hijo. Aunque criar a los niños puede ser una gran fuente de desánimo para parejas con puntos de vista diferentes, lo opuesto también es verdad. Cuando los padres trabajan juntos y desarrollan un plan para ayudar a los niños a crecer, su relación como pareja se vuelve más fuerte. La asociación construye unidad, y la paternidad puede proporcionar esa oportunidad.

Por desgracia, sin embargo, algunos padres encuentran dicha unidad escurridiza. Las filosofías de la paternidad difieren, y los desacuerdos parecen más frecuentes que los acuerdos. El problema es que, o bien los valores son drásticamente diferentes o bien no hay voluntad de parte de uno de los padres para crecer en su paternidad. A menudo los padres separados encuentran esto frustrante porque el conflicto entre la pareja se desborda sobre el proceso de crianza de los hijos. Algunos padres y madres luchan para hacer que las cosas funcionen con su enfoque de la crianza debido al resto de conflictos en su relación adulta.

Los padres solteros puede que se desanimen por la falta de unidad con el otro padre cuando se trata de la crianza. Un padre dijo: «Cuando los niños están conmigo, tenemos una hora de ir a la cama. Tienen la obligación de limpiar sus cuartos y no comen guarrerías. Cuando están con su madre, ella les deja ver películas para mayores, se acuestan tarde y tienen hábitos alimenticios muy pobres». Este padre se siente frustrado con razón por los diferentes mensajes que reciben los niños. Él sabe, sin embargo, que necesita enfatizar las convicciones y los valores, no solo las reglas, con sus hijos. Después de meses de diálogo su hija llegó a casa un día y dijo: «Papá, hice lo que me dijiste y salí del cuarto durante la película. Le dije a mamá que no quería ver la película que ellos estaban viendo». El padre sonrió satisfecho, dándose cuenta de que su hija había aprendido una importante lección sobre la vida.

No pierdas la esperanza. Trabaja duro para hacer lo correcto y aguanta. Tus hijos te necesitan, y tu persistencia al final dará sus frutos. Es impresionante cuánto poder tiene un solo padre. Aunque tus esfuerzos se vean frustrados en ocasiones, sigue trabajando duro en tu paternidad y tus hijos cosecharán los beneficios. Los niños observan cómo vives. Al final ellos tendrán que tomar decisiones acerca de cómo quieren vivir sus vidas. La clave está en hablar de las razones que hay detrás de las reglas y de por qué tú tienes esas convicciones. Al final los niños ven esas razones y a menudo les acaban convenciendo.

Kathy lo explicó así: «Solía darme por vencida porque mi marido no quería apoyarme ni siquiera cuando yo sabía que tenía razón. Pero estaba viendo que ocurrían muchas cosas negativas y decidí ser más firme incluso sin su apoyo. Desearía que las cosas fueran diferentes en ese aspecto, pero sé que mis hijos necesitan una madre que sea fuerte para que ellos tengan éxito en la vida. He visto renovadas mis fuerzas al saber que lo que estoy haciendo está bien, y aunque mi marido no sea de ayuda, me anima saber que estoy complaciendo a Dios».

A veces no es cuestión de que uno de los padres lo haga bien mientras que el otro lo hace mal. Más bien, ellos tienen diferentes estilos de crianza y los dos pueden ser usados para criar a un niño. Por ejemplo, un padre es más relacional y puede dejar pasar más cosas por el bien de la intimidad. Otro padre valora el hecho de seguir las normas para enseñarles a los hijos el modo correcto de vivir.

Cualquiera de los dos enfoques puede funcionar bien, pero tratar de llevar a cabo los dos al mismo tiempo puede ser frustrante para ambos padres. Es mejor, en estos casos, tener reuniones regulares entre los padres. A veces lo harás de una manera y otras tomarás un enfoque diferente. Si los padres están interesados en cooperar, entonces la primera decisión es cómo responder a esa situación en cuestión. La segunda decisión es quién debería comunicarle la conclusión al niño.

Evita que uno de los padres sea el tipo malo todo el tiempo. Si mamá normalmente es la estricta, entonces haz que sea papá el que informe de la firme consecuencia a veces. Por otro lado, si la conclusión es tomar un enfoque menos estricto, quizá mamá debería comunicarlo. Trabajar juntos de este modo puede proporcionar una sensación de unidad entre los padres.

Cuando los padres tienen diferentes filosofías de la paternidad o prefieren enfatizar diferentes valores, la tentación a poner demasiado énfasis en tu propia perspectiva aumenta. Por desgracia, lo que ocurre es que los padres entonces se separan más para compensar lo que ellos creen que es una debilidad en el otro padre. Esto es un error. En vez de eso, esfuérzate por comprender al otro padre y los valores que está enfatizando. Aprendiendo a apreciar diferentes puntos de vista de la paternidad tu relación se puede fortalecer. Reconocer las diferencias y aprender de ellas permitirá que tu crianza sea más eficaz. Tus hijos tienen algo que aprender de ambos, así que no te desanimes frente a las dificultades. Dios puede utilizarlos a ambos para tocar el corazón de sus hijos.

Cuando la paternidad se hace difícil, recuerda Hebreos 12.1: «Por tanto, nosotros también, teniendo en derredor nuestro tan grande nube de testigos, despojémonos de todo peso y del pecado que nos asedia, y corramos con paciencia la carrera que tenemos por delante».

Así pues, haz todo lo que puedas para comprometerte en beneficio de la unidad con tu cónyuge, pero cuando eso no sea posible, haz tú el duro trabajo de la crianza. Tus hijos serán mejores por ello.

15

*Si el egoísmo en tus hijos está entorpeciendo
a tu familia, es tiempo de...*

ENSEÑAR A LOS NIÑOS A AÑADIR
ENERGÍA A LA VIDA FAMILIAR

«ME ENCANTA EL MODO EN QUE TUS CHICOS SE LAS APA-
ñan y buscan el modo de ayudar por aquí», comentó el entrenador Chris
a Tony mientras recogían después de un partido de béisbol. «¿Cómo haces
que tus chavales piensen en los demás y estén dispuestos a ayudar?».

Tony sonrió. «En realidad trabajamos en ello en casa. Es un estilo de
vida que tratamos de enseñarles. Lo llamamos *honor*. El honor ha cambiado
el modo en que se relaciona nuestra familia. En realidad, nuestros chicos
solían ser bastante egocéntricos, pero hemos trabajado duro para desarrollar
el honor en nuestra familia».

Algunos niños tienen la capacidad de succionar la energía de la vida
familiar. Estos niños demandan tu tiempo, necesitan mucha corrección
y parecen ser imanes para los conflictos. A menudo son emocionalmente
explosivos, pero casi siempre drenan la energía de los padres y del resto de
miembros de la familia. Por desgracia, entonces, estos niños desarrollan
una visión negativa de sí mismos basada en la gran cantidad de comentarios
negativos que reciben.

Una solución es enseñarles a añadir energía de vuelta a la vida familiar.
El término *honor* describe el proceso de pensar en los demás por encima
de uno mismo. El honor es importante en una familia. Dios ordena que se
practique el honor en el hogar. Efesios 6.2-3 dice: «Honra a tu padre y a tu
madre, que es el primer mandamiento con promesa; para que te vaya bien,
y seas de larga vida sobre la tierra». Estos versículos enseñan que el honor

aprendido en el hogar tiene ramificaciones para la vida. De hecho, podríamos decir que Dios ha escondido dentro del honor el ingrediente secreto que la gente necesita para tener éxito.

El honor tiene un rico significado para padres e hijos. Puede indicarte la dirección en muchos de los momentos frustrantes que experimentas. De hecho, todas las formas de egoísmo tienen una solución basada en el honor.

Honor significa tratar a las personas de forma especial, haciendo más de lo que se espera, y teniendo buena actitud. Siéntete libre para usar esta definición o para hacer la tuya propia. La cuestión es que el honor cambia el modo en que los padres se relacionan con sus hijos y el modo en que los hijos se relacionan con los demás y con sus padres. La obediencia consigue que se haga el trabajo, pero el honor dirige el modo en que la gente se relaciona en ese proceso.

Si Jack saca de quicio a la gente cada tarde antes de la cena, establece un momento con él a las cuatro de la tarde durante algunos días seguidos y pídele que busque tres cosas que puede hacer para colaborar con la vida familiar. Puede decorar la mesa, animar a su hermano o preparar algo bonito para cuando papá llegue a casa.

Si Jack continúa poniéndose de malas con su hermana, trata de decirle que necesita pensar en tres cosas honorables que hacer para ella antes de que le permitas jugar. Recuerda, no le digas exactamente qué tiene que hacer. Si tú decides lo que Jack necesita hacer y le dices que lo haga, eso es obediencia. Cuando Jack elige, es honor. El honor trata a las personas de forma especial y hace más de lo que se espera. Jack necesita aprender cómo añadir energía a la vida familiar en vez de restarla.

El honor requiere iniciativa al añadirle algún extra o hacer algo que se necesita hacer. Muchos niños esperan que los demás les digan lo que tienen que hacer. Además, es difícil enseñarles a los niños que tomen la iniciativa porque el simple acto de decírselo parece que anula toda iniciativa. Por eso debes pedirle a tu niño que haga algo pero no le debes decir el qué. Quieres ayudarle a que empiece a ver una necesidad o que resuelva un problema por sí mismo.

El honor conlleva la idea de ir más allá. Eso significa ver lo que se necesita hacer y hacerlo, y resolver los problemas en vez de dejárselos a los demás. Una familia tenía un cartel en su cocina que decía:

> ## SI ESTÁ ROTO, ARRÉGLALO.
> ## SI ESTÁ VACÍO, LLÉNALO.
> ## SI ESTÁ ABIERTO, CIÉRRALO.
> ## SI ESTÁ FUERA, COLÓCALO.
> ## SI ESTÁ DESORDENADO, ORDÉNALO.
> ## SI NO PUEDES, ENTONCES DILO.

Eso es honor.

El honor significa que todo el mundo contribuye a la vida familiar. De hecho, puedes pedirle a un niño que deambule por la casa y busque algo que haya que hacerse y lo haga, y que después te informe. Esa clase de discusión y de ejercicios ayudará a que los niños salgan de su cubículo y descubran que tienen una responsabilidad con la familia. Ellos pueden contribuir a la vida familiar simplemente viendo algo que hay que hacer y haciéndolo.

El honor tiene la tendencia a disminuir en una familia porque la gente suele dar por sentado a aquellos que tiene más cerca. Fue Jesús el que dijo: «No hay profeta sin honra sino en su propia tierra, y entre sus parientes, y en su casa» (Marcos 6.4). La familia puede ser un lugar donde todos se tomen por sentado. Aprender honor es justo la solución que los niños necesitan. Escondido dentro del honor está el ingrediente secreto que hace que la gente sea más productiva en sus relaciones.

En cierta manera, tú ya estás honrando a tus hijos de muchas formas, aunque puede que no uses ese término. Puedes decirle a tu hija: «Fui a comprar hoy y te traje tu helado favorito. Solo quería honrarte». Después, más tarde, puedes usar esa misma palabra para describir cómo te gustaría que tu hija te tratase con una mejor actitud cuando le das una orden.

Un modo en que los padres le pueden enseñar honor a los hijos es incluyéndolo en el proceso de las instrucciones. Puedes decirle a tu hijo: «Me gustaría que me obedecieras poniendo la mesa; después quiero que pienses en algo extra que puedes hacer para mostrar honor. Tú eliges, te toca. Infórmame cuando lo hagas y comprobaré tu trabajo».

Puedes usar el concepto del honor en las correcciones o cuando las cosas vayan bien. Puedes usarlo cuando enseñes a tus niños acerca del dinero, el tiempo y otros recursos, y puedes enseñárselo cuando intuyas el conflicto. Un modo de enseñar honor es en las ocasiones especiales, cuando alguien gana un concurso o consigue un diploma. Puedes mostrar honor dándole a esa persona un lugar especial en la mesa o decorando la puerta de su cuarto.

El honor es divertido. Es como el aceite en una máquina. Hace que el trabajo se lleve a cabo con menos fricción y menos calor. Toda familia necesita honor. Es genial cuando las cosas van bien, y es esencial cuando las relaciones familiares están en tensión. Trabaja en ello ya sean tus hijos preescolares o adolescentes. Cambiará el modo en que se relaciona tu familia.

16

Si la intensidad emocional domina la vida familiar,
quizá podrías considerar...

LA DIFERENCIA ENTRE TAREAS, PROBLEMAS Y CONFLICTOS

—¿QUÉ CLASE DE COSAS LES SACAN DE QUICIO EN SU VIDA familiar? —preguntó Marvin, el líder del grupo pequeño. Varias parejas se habían reunido para su grupo semanal de apoyo a la paternidad. Era una buena pregunta y estimulaba una discusión animada.

—No me gusta cuando mis hijos comienzan a pelearse.

—Me enfada tener que decir lo mismo una y otra vez.

—El desorden. Me gustaría que los niños recogieran después por sí mismos.

Después de que varias personas compartieran, el líder del grupo continuó:

—Hoy vamos a aprender cómo reducir el conflicto. Puede que no reduzcamos los problemas, pero disminuiremos el conflicto asociado a ellos.

—¿Cuál es la diferencia? —preguntó Sheri.

—Esa es la pregunta clave —respondió Marvin—. De hecho, para poder reducir la tensión en la vida familiar tenemos que comprender la diferencia entre estas tres palabras: *tareas, problemas y conflictos.*

La solución de Marvin es fantástica para cualquier familia. Esto es en lo que consiste.

La gente desarrolla patrones para manejar los desafíos de la vida. Algunos de esos patrones son poco útiles, en especial cuando usan las emociones para atacar el problema. Comprender la diferencia entre tareas,

problemas y conflictos te brindará un nuevo enfoque de la solución y pro-
veerá la necesaria dirección a tu filosofía de la paternidad.

Las tareas son las cosas normales que haces cada día. Levantas a los
niños de la cama, te aseguras de que se vistan, les preparas el desayuno,
compruebas que lleven todo lo que necesitan para el día y salen por la
puerta. Después pararás en la farmacia a recoger una medicina y te dejarás
caer por la casa de una amiga para devolverle un libro de camino al hogar.
Las tareas son la lista de cosas por hacer de un padre. Son trabajo, pero nada
inesperado. Es parte del oficio.

El lado comercial de la vida familiar requiere comprar comida, pre-
pararla, comerla, recoger y lavar los platos. La ropa tiene que ser lavada,
doblada, guardada en los cajones y después puesta de nuevo sobre las personas. Conducir a varias citas, ordenar las habitaciones de la casa y arreglar las
cosas que se han roto son parte del negocio de la vida familiar. Cada tarea
que tiene lugar desde que te levantas por la mañana hasta que te acuestas
por la noche requiere esfuerzo. Es trabajo. Eso no son problemas. Solo son
tareas que hay que hacer.

Además, educar a los niños es una tarea, no un problema. La diferencia tiene que ver con tus expectativas. Si te sorprende la resistencia de tu
hijo a tus instrucciones, entonces eres propenso a verlo como un ataque
personal y escalar hacia un conflicto. Pero la realidad es que la resistencia
de tu hijo es un indicador de una debilidad de carácter. Parte de tu trabajo como padre es enseñar a tu hijo. Desarrolla un plan para desafiar el
carácter mediocre de tu hijo y después acepta la tarea de criarlo usando
un enfoque calmado pero firme. Simplemente es otra de las tareas de tu
trabajo como padre.

Los problemas son diferentes. Son obstáculos que se interponen en el
camino de tus objetivos. Tu hijo está jugando con un videojuego cuando
debería estar vistiéndose. No puedes encontrar la receta que necesitas y has
derramado café en el libro de tu amiga. Los deberes de tu hija no están en
su mochila, de nuevo, y no puede encontrar su otro zapato.

No es común que las tareas creen la tensión en la vida familiar. Lo
hacen los problemas que salen al paso. En ese momento, tú como padre

tienes que tomar una importante decisión. ¿Vas a convertir los problemas en tareas o vas a aumentarlos hasta convertirlos en un conflicto?

Aquí tienes una regla importante: no conviertas los problemas en conflictos. En vez de eso, busca modos de transformar los problemas en tareas adicionales desarrollando un plan para resolverlos y manteniendo tus emociones controladas. Si las familias vieran los problemas como tareas en vez de convertirlos en conflictos, daría como resultado una mayor unidad y más productividad. Por desgracia, muchos niños y muchos padres permiten que los problemas se conviertan en conflictos y así muchas de las tareas de la vida familiar evolucionan en batallas. Sabrás que un problema está intentando escalar en conflicto cuando escuches un comentario hiriente y sarcástico o un tono agresivo, o veas una mirada enojada o una mala actitud, o simplemente veas la intensidad creciendo entre dos o más personas de una familia.

El conflicto sucede cuando los problemas se cruzan con la intensidad emocional. La mamá grita a su hijo porque él está jugando con el videojuego. Ella entorna los ojos hacia su hija, levanta el cuello y la señala con el dedo mientras le ordena enfada que busque su zapato y sus deberes del colegio. La mamá ha elevado el nivel de alerta de la familia hasta el rojo convirtiendo la rutina de la mañana en una experiencia emocional.

La mamá se siente como si estuviera estancada en un patrón cotidiano. No es un problema que pase una vez. Parece que ocurre cada mañana. Además, el problema no se limita a la primera hora del día. Da la impresión de que en su casa las cosas se descontrolan de forma regular. A la mamá no le gusta enfadarse, pero se siente como si fuera el único modo de hacer que los niños se muevan.

Parte de la solución para la madre es cambiar el modo en que encara su día. Si redujera los problemas a tareas en vez de escalarlos a conflicto, se sentiría más en paz y disminuiría la tensión que experimenta su familia.

Compara a dos familias en el modo en que responden a los problemas en su rutina matutina. Con la familia nº 1 los problemas son una receta para el desastre, con gritos, dramas y tensión flotando en el ambiente más rápido de lo que ninguno puede gestionar. Con la familia nº 2 los padres y los hijos trabajan para encontrar soluciones a los problemas, minimizando el conflicto según va pasando la mañana. La mamá ve el desorden que Shannon ha dejado en el baño. En vez de reaccionar con emoción, le manda a Shannon que vuelva al baño y coloque bien las cosas antes del desayuno. Cuando la mamá encuentra a Brenden jugando en vez de recogiendo su mochila y sus zapatos, le regaña y espera a ver su respuesta. El enfoque calmado y firme de la mamá se centra en convertir los problemas en tareas.

La diferencia entre las dos familias es que en la número 2 la mamá está comprometida a resolver los problemas y los reduce a tareas en vez de permitir que escalen en conflicto. ¿Pero qué hacer cuando los niños convierten los problemas en conflictos? En ese momento es importante que tú, como padre, estés en guardia; no tienes que seguir la dirección de tu hijo. Cuando los niños generan un conflicto es importante que los padres reconozcan el problema y lo reduzcan a una tarea. Si un niño persiste y se niega a trabajar en el problema sin emoción, es mejor que se serene. Rara vez es productivo tratar de avanzar en la resolución del problema cuando la intensidad emocional es alta.

Uno de los desafíos que encontramos es que las expectativas parentales a menudo alimentan la escalada hacia el conflicto. Muchos padres y madres parecen pensar que la vida debería estar libre de problemas. Cuando se interrumpen las tareas por los problemas, los padres reaccionan con sorpresa e ira, cuando en realidad deberían esperarlos. Ocurren. Cuando los padres aprenden a esperar los problemas y desarrollan la capacidad de reducirlos a tareas, los conflictos pasan a ser menos comunes.

Uno de los grandes ladrones de la intimidad familiar es permitir que los problemas escalen en conflicto en vez de mantenerlos como tareas. Cuando los miembros de la familia trabajan juntos para resolver los problemas, tienen un sentimiento positivo de realización. Por otro lado, el conflicto polariza a los miembros de la familia, causando que se sientan oponentes en vez de compañeros de equipo. Efesios 4.2–3 dice: «con toda humildad y mansedumbre, soportándoos con paciencia los unos a los otros en amor, solícitos en guardar la unidad del Espíritu en el vínculo de la paz». Tu familia puede experimentar junta la cercanía. Eso ocurrirá como resultado de un trabajo intencional en cierto número de áreas, pero una de las más importantes tiene que ver con la capacidad de convertir los problemas en tareas.

17

Las batallas verbales entre padres e hijos a menudo dañan la relación. Por lo tanto, es importante recordar que...

SE NECESITAN DOS PARA DISCUTIR, PERO SOLO UNO PARA PARAR

—MAMÁ, ¿PUEDO IR A LA FIESTA EN CASA DE SUE EL VIERnes por la noche?

—No, no me siento muy cómoda con Sue y su familia.

—Pero sus padres van a estar en casa. No hay problema.

—No los conozco muy bien.

—Mamá, son buena gente. Van a la iglesia como nosotros.

—Eso es genial. Aun así no me siento bien con esto.

—Mamá, no es justo. Solo porque tú no te sientas bien con algo, me castigas sin salir.

—No estás castigada. Simplemente no puedes ir a esa fiesta.

—¿Por qué?

Y el diálogo continúa, y en algún punto se convierte en una discusión y después en una pelea. ¿Cómo puede la madre parar el progreso hacia ese camino inevitable? Parece que ocurre demasiado a menudo.

Discutir se puede definir de este modo: usar la lógica y la emoción para cambiar la forma de pensar de alguien sin considerar el modo en que la intensidad de la discusión está dañando la relación.

El niño propenso a discutir a menudo empezará con «¿Por qué?» con la intención de encontrar argumentos. Tú, por supuesto, lo ves como una pregunta inofensiva, y puesto que tienes la respuesta en la punta de la lengua, contestas gentilmente. El niño responde con «Pero...» y ya están otra vez. Esa clase de discusiones no son malas (de hecho, a veces pueden ser útiles), pero algunos niños las usan como técnicas de manipulación para dejar de seguir órdenes o intentar conseguir algo a lo que ya has dicho que no. Discutir se puede convertir en un hábito irritante, pero también es un síntoma de un problema del corazón.

Algunos padres tratan de convencer a sus hijos para que sigan órdenes o discuten para ayudarles a que quieran obedecer. Estos niños no pueden seguir una simple instrucción sin un diálogo y crecen para convertirse en miembros de equipo mediocres, empleados difíciles y amigos demandantes. Los padres creen que están haciendo algo bueno. «Después de todo —dicen—, ¿no es bueno dialogar con tus hijos?». La respuesta es: «Sí, casi siempre». Sin embargo, hay algunas ocasiones en la vida familiar en las que el diálogo es contraproducente. Cuando los niños usan el diálogo para retrasar la obediencia o tratar de desgastarte para que cambies un no por un sí, entonces tienes un problema.

Si tienes un hijo que no sabe cómo cooperar, puedes usar una técnica que se llama «Obedece primero y después hablamos de ello». Esta técnica simplemente le da la vuelta a la secuencia de dos elementos importantes: discusión y respuesta. Los niños deben responder primero a la instrucción y después discutirás con ellos las razones.

Algunos padres que ven una necesidad de que su hijo dé, y no solamente reciba, exigen obediencia diciendo: «Porque yo soy tu padre, ese es el porqué». Aunque puede que esos padres tengan el control del problema, su enfoque autoritario es inadecuado porque se centra en la solución del padre en vez de en la del hijo. En vez de eso, plantéales a los niños que el problema es suyo porque están llevando mal el diálogo. Puede que un niño necesite un periodo de tiempo en el que seguir las instrucciones venga antes de la discusión, para que adquiera la habilidad de dejar a un lado sus planes sin que tenga que sacar siempre algo a cambio.

Cuando se le pide a Amanda que se ponga el pijama y ella responde con un «Pero no estoy cansada», la mamá dice: «Amanda, tienes que obedecer primero, y después hablaremos de ello». Después de que Amanda obedezca, entonces puede tener lugar una discusión acerca de la hora de irse a la cama. Es sorprendente, sin embargo, cuántos niños no sienten la necesidad de llevar la discusión más allá. Para ellos el diálogo era un simple intento de retrasar la obediencia.

Los niños que discuten tienen buenas cualidades de carácter, como la persistencia, la perseverancia, la determinación, la creatividad y la capacidad de comunicar sus ideas. El problema con las discusiones es que tu hijo te ve como un obstáculo, una montaña por la que hacer un túnel. Al niño que discute a menudo le falta sensibilidad, humildad y un respeto correcto por la autoridad. Tu desafío como padre es alentar las cualidades positivas y eliminar las negativas.

Cuando sientes que tu hijo ha cruzado la línea y está valorando su solicitud a expensas de la relación, detén el diálogo. Niégate a discutir. Que sea un compromiso de tu filosofía bíblica de la paternidad no participar en este patrón de relación dañino. Se necesitan dos para discutir, pero solo uno para parar. Si te niegas a enzarzarte, entonces puedes parar el proceso para que no continúe hacia territorio yermo. Recuerda que la buena lógica no es la única consideración. También le estás enseñando a tu hijo a que valore la relación y aprenda a comunicarse de un modo honorable.

Una de las razones por las que discutir es peligroso para una relación es que establece que las partes estén en lucha. Cuando los niños discuten con sus padres, la relación está en juego. Muchos padres se sienten incómodos con las discusiones, pero no saben por qué ni qué hacer con ello. El niño que quiere discutir pone al padre en una posición delicada. El niño toma el rol de atacante y el padre se convierte en el defensor, o los roles se invierten y el padre empieza a atacar y el niño a defender. Este patrón de relación establece a los dos como oponentes en vez de como compañeros.

La diferencia entre una pelea y una discusión tiene que ver con la relación. Cuando el asunto se vuelve más importante que las personas que lo debaten, la discusión se ha convertido en una pelea. El mejor modo de enseñar, o incluso de discutir un problema es que tú y tu hijo estén en el mismo lado de la cancha. En vez de permitir que las cuestiones se interpongan entre ustedes, busca el modo de hacer que el problema sea el oponente y que tú y tu hijo sean socios para resolverlo.

A veces una pelea puede convertirse en discusión con un poco de ajuste de tu parte. Si crees que una discusión es útil en cierta situación, sal del modo de pelea preguntando: «¿Qué te estoy diciendo?», o diciendo: «Vamos a tratar de pensar juntos en las ventajas y desventajas de que veas un video esta noche». Con esta clase de afirmaciones, rehúsas convertirte en un oponente y continúas buscando áreas de cooperación. Entonces la discusión te da la oportunidad de enseñar habilidades para resolver problemas y técnicas para una buena toma de decisiones.

El apóstol Pablo le dio al joven Timoteo consejos acerca de cómo guiar a la familia de Dios, la iglesia. En 2 Timoteo 2.23 él dice: «Desecha las cuestiones necias e insensatas, sabiendo que engendran contiendas». Este no es solo un buen consejo para la iglesia; es un gran consejo también para el hogar. Las contiendas en la familia a menudo comienzan como simples cuestiones.

Uno de los problemas es que los padres no se dan cuenta de que están discutiendo hasta que ya no está bien avanzada la discusión. Eso es comprensible. Cuando te des cuenta de que estás en una pelea, entonces será cuando quieras pasar a la acción. Usa esa incomodidad que sientes con la interacción como una señal de que es hora de que hagas un cambio. Niégate a continuar. Después de todo, se necesitan dos para discutir, pero solo uno para parar.

18

Cuando los niños no acepten un no por respuesta y sigan molestando o quejándose por el problema, un principio importante a recordar es...

Moverse de la cuestión al proceso

CARLA ATORMENTA A SU MADRE. LE HACE LA MISMA PRE-gunta una y otra vez. La mamá le dice que no a cada petición porque no quiere ceder al acoso. Ella le explica a su hija en numerosas ocasiones por qué la respuesta es no. Aun así Carla persiste. La mamá está cansada, pero aguanta para demostrarle a su hija que no cederá.

La mamá cree que está haciendo lo correcto. De hecho, negarse a ceder es genial. Por desgracia, responder al aluvión de razones y quejas de su hija no está funcionando. De hecho, darle razones y discutir con ella acerca de la cuestión parece validar su diálogo. La mamá haría mejor dejando la cuestión y moviéndose hacia el proceso.

La *cuestión* es el sujeto del diálogo. Puede ser una camisa sucia, el video o un aperitivo. El *proceso* trata acerca del modo en que los niños manejan la situación, la discusión, las rabietas o las quejas. El niño que hace la misma petición una y otra vez no necesita más diálogo sobre el tema. El tema está cerrado. El niño necesita ser confrontado por el modo en que está tratando a su madre.

La mamá puede decir: «Carla, ya te he dicho que no. ¿Ves lo que estás haciendo? No estás aceptando un no por respuesta y sigues presionando. Eso no es lo que debes hacer. Así que, si me haces esa pregunta de nuevo o si intentas engancharme con la cuestión, voy a disciplinarte». La mamá se niega a hablar del tema de su desacuerdo y en vez de eso señala el mediocre enfoque de su hija. Se mueve de la cuestión al proceso.

He aquí lo que ocurre. Como adulto, si vas a una autoridad y pides algo y recibes un no por respuesta, normalmente tienes la libertad de pedir una vez más para aclarar lo que quieres o explicarte un poco mejor. Sin embargo, si recibes un no por respuesta una segunda vez, entonces seguir presionando se consideraría grosero, algo que cruza la línea de lo socialmente apropiado. Normalmente los niños no saben que esa línea existe. Ellos siguen insistiendo e insistiendo y los padres se frustran, y suelen terminar el diálogo con una respuesta enfadada.

Les enseñarás a tus hijos una valiosa lección acerca de la vida si abandonas la cuestión y pasas al proceso. En vez de responder al «por qué» una y otra vez, quizá te interese utilizar el segundo o tercer «por qué» como una señal de que tu hijo se está volviendo exigente. Cuando dices: «Ya has formulado esa pregunta y has recibido una respuesta», estás atrayendo la atención hacia el proceso, el modo en que tu hijo se enfrenta a la situación. Es duro corregir a un niño por el deseo de acercarse a la casa de un amigo, pero puedes corregir a un niño que te está tratando mal con tal de manipular la situación. Los niños necesitan comprender que el proceso es tan importante como los problemas de la vida.

George, de once años, es irrespetuoso. Cuando su mamá dice que no, George usa el sarcasmo o un comentario cruel mientras se va de la habitación. Cuando su papá le da una orden, George entorna los ojos o hace una observación displicente. Sus padres intentan hablar con George y explicarle por qué necesita seguir las órdenes o por qué la mamá le dice que no. George responde con poco respeto. Sus padres están frustrados porque nada parece funcionar.

George tiene un problema. Su patrón a la hora de expresar su disgusto es inapropiado. Necesita corrección. Pero el centro de atención de la corrección tiene que estar en el modo en que trata a sus padres. Les dimos un plan para corregir la falta de respeto. No más diálogo acerca de la cuestión, sino que, en vez de eso, pasasen rápidamente al proceso. Los padres corrigieron el tono de voz, el sarcasmo y la pobre elección de palabras de George, y requirieron una respuesta mejor de su parte antes de avanzar.

Esta estrategia comenzó a funcionar. Parecía que antes George encontraba una validación en la respuesta de sus padres que ahora no estaba recibiendo. Había desarrollado algunos hábitos muy arraigados. Todo eso es parte del proceso. Cuando sus padres continuaban hablando de la cuestión y desatendían el proceso, eso en realidad alentaba la falta de respeto de George. Atrayendo la atención hacia el modo en que George debería responder, sus padres contribuyeron a un cambio significativo.

Con una filosofía de la paternidad que enfatice el proceso y no solo las cuestiones, puedes enseñar a tus hijos muchas cosas. Los niños aprenden a dejar de quejarse cuando no están contentos y a cómo presentar una apelación sabia cuando consiguen un no por respuesta. Puedes ayudar a tus niños a dialogar acerca del conflicto en vez de usar el sarcasmo o los comentarios hirientes. Puedes motivar a los niños a que hagan un trabajo con una buena actitud.

Demasiados padres se centran en la tarea, en que se haga el trabajo, sin gastar mucho tiempo en cómo se ha conseguido que se haga. Centrarse en el proceso abre nuevas vías de enseñanza con tu hijo.

En Filipenses 2.3–4 Pablo ofrece una guía a la iglesia que también es un excelente consejo para la familia. Dice: «Nada hagáis por contienda o por vanagloria; antes bien con humildad, estimando cada uno a los demás como superiores a él mismo; no mirando cada uno por lo suyo propio, sino cada cual también por lo de los otros». Más adelante en ese mismo capítulo, Pablo continúa: «Haced todo sin murmuraciones y contiendas» (v. 14). A Dios también le importa el proceso.

Cuando un niño es tentado a herir a los demás por culpa de las cuestiones, moverse hacia el proceso valorando a la gente involucrada puede ser la solución que los padres necesitan.

19

*Algunos padres tienden a centrarse en lo negativo, sin
ver el progreso que hace el niño. Si eso es así para ti,
probablemente querrás buscar modos de...*

AFIRMAR LA CONDUCTA MÁS O MENOS CORRECTA

UN MODO DE MANTENER UN ENFOQUE POSITIVO EN TU
disciplina es buscar conductas *más o menos* correctas y afirmarlas. No esperes a que las cosas estén totalmente bien.

Si le pides a tu hijo que recoja los juguetes pero ves que solo coloca dos cosas y deja seis fuera, puedes decirle: «Oh, ya veo que has colocado los bloques. ¡Eso es genial! ¡Y me gusta el modo en que has alineado tus camiones! Ahora enséñame cómo pones las pelotas en la caja donde tienen que ir».

Afirmando una conducta más o menos correcta, estás alentando sus pasos en la dirección adecuada. Un niño pequeño estaba aprendiendo a vestirse solo, y su mamá tenía como regla que él debía vestirse antes de sentarse a desayunar. Cuando él bajaba las escaleras con la camiseta del revés y sin zapatos, aun así ella le alababa. Él lo intentaba. Señalar sus defectos hubiera sido desalentador. Él lo intentaba y se sentía bien. Su mamá intentaba animar sus esfuerzos.

Si tu adolescente lo está pasando mal terminando sus tareas de la escuela, deberías animarle y señalar todo lo que ya ha hecho, en vez de centrarte en todo lo que le falta.

Imagina que tu hijo está en camino desde una debilidad a una fortaleza. Si pasas mucho tiempo centrándote en donde él se encuentra ahora, y señalando su debilidad, haces que el cambio sea más difícil. En vez de eso, centra tus palabras y tus ánimos en el progreso que está haciendo tu hijo o en el destino o fortaleza que está tratando de construir. Estos comentarios hacen mucho a la hora de producir la motivación interna en tus hijos.

Algunos padres piensan que el mejor modo de motivar a tus hijos es darles cosas como recompensa. Estos motivadores externos son parte de una filosofía de la paternidad basada en la modificación de la conducta. Aunque puede que obtengan algún cambio, hay muchas otras formas más fuertes de motivación que provienen del corazón. Una de ellas es la creencia interna de que me estoy convirtiendo en una persona más fuerte, o el deseo de complacer a Dios y a los demás. Cuando alientes a tus niños acerca del progreso y de su enfoque en el objetivo, estarás fortaleciendo la motivación interior que ellos necesitan para continuar.

Pablo afirmó la conducta más o menos correcta cuando escribió en Filipenses 1.6: «el que comenzó en vosotros la buena obra, la perfeccionará hasta el día de Jesucristo». Pablo estaba diciendo: «Toma aliento en el proceso, porque Dios todavía está trabajando en ti». Le hacemos un regalo a nuestros niños cuando los afirmamos en el proceso, no solo en la culminación. Recuerda que enseñar lleva tiempo e implica mucho trabajo. Tú eres un entrenador, y tu niño está en entrenamiento.

La realidad es que todo el mundo necesita ánimos. Puesto que los niños a menudo no alcanzan las expectativas, muchos padres encuentran difícil hacer un comentario positivo. A veces los padres piensan que si dan ánimos, sus hijos se volverán perezosos y sentirán que no necesitan seguir trabajando para mejorar. La realidad es que animar a los niños señalando el progreso puede motivarles a aguantar y a seguir creciendo.

El crecimiento es un progreso. Lleva tiempo. El carácter no se desarrolla de la noche a la mañana. A veces a los padres les motiva el miedo. Cuando ven debilidades en un niño temen que esas deficiencias dominen su carácter y terminen arruinándole la vida. O algunos padres corrigen porque sus hijos los avergüenzan, o sienten miedo de que otros piensen que son malos padres. El miedo tiene pocos beneficios cuando domina las decisiones parentales.

Tómate tu tiempo para hacerte algunas preguntas importantes acerca de tu filosofía bíblica de la paternidad. La persona que permite que el miedo controle la paternidad lo pasa muy mal viviendo con niños que están en proceso. El enojo, el desafío o la falta de cooperación en los niños da como resultado un trauma de grandes dimensiones para los padres. Esas debilidades son importantes, y los padres necesitan tomar acciones firmes, pero ser firme y reaccionar sin miedo son dos cosas diferentes.

Cuando influyes a tus hijos para que desarrollen las cualidades necesarias para tener éxito en la vida, tómate un tiempo para señalar lo lejos que han llegado. «Me doy cuenta de que ahora estás respondiendo mucho mejor a la decepción. ¿Recuerdas cómo te ponías a gritar y a llorar cuando no conseguías lo que querías? No hemos tenido uno de esos episodios desde hace mucho. Estoy orgulloso de ti. Estás creciendo, y me gusta la persona en la que te estás convirtiendo».

Del mismo modo que centrarse en el carácter le da a los padres perspectiva cuando desarrollan estrategias, enfatizar lo lejos que han llegado los niños en el camino hacia ese carácter les proporciona fortaleza emocional para continuar. Ese aliento es necesario para los niños, pero también es útil para los padres cuando piensan en sus hijos. Ten cuidado con poner demasiado énfasis en las debilidades, o acabarás disgustado con tu hijo.

Si te tomas tiempo para enfatizar lo lejos que ha llegado tu hijo y el progreso que ha hecho en unos años, te sentirás animado por la persona en la que se está convirtiendo. De eso trata el amor verdadero. Es interesante leer 1 Corintios 13.4–7 a través de los ojos de un padre: «El amor es sufrido, es benigno; el amor no tiene envidia, el amor no es jactancioso, no se envanece; no hace nada indebido, no busca lo suyo, no se irrita, no guarda rencor; no se goza de la injusticia, mas se goza de la verdad. Todo lo sufre, todo lo cree, todo lo espera, todo lo soporta».

Uno de los mejores modos de aprender a amar es tener hijos. Es entonces cuando aprendemos a amar a los demás en su singularidad. Queremos ayudarles a cambiar, sí, pero el amor mantiene un sano equilibrio entre lo que son y adonde se dirigen. Cuando los padres aprenden a amar, ocurren grandes cosas en ellos y en sus hijos. Por supuesto, el amor lleva tiempo. El amor se demuestra en el proceso, no solo en la perfección.

20 *Cuando sabes lo que tus hijos necesitan pero ellos no lo están haciendo, puede que te sientas tentado a usar la ira para resolver el problema. En esos momentos, recuerda que...*

No es suficiente tener razón: también quieres ser sabio

«Se lo merece», dijo Charlie después de reprender a su hijo por chocar marcha atrás con la cortadora de césped, dejando un gran arañazo en el guardabarros. «Si prestara atención a lo que hace, esto no pasaría. A veces no piensa».

Charlie ha pasado un tiempo considerable enseñándole a su hijo de doce años, José, a manejar la cortadora de césped. De hecho, el papá se sentía orgulloso del hecho de que su hijo manejara esta equipación mejor que muchos niños de su edad. Pero Charlie no sabía tratar los errores de José. Gritándole continuamente a su hijo debilitaba la disposición de José de intentar nuevas cosas y de correr riesgos. Sí, Charlie tiene razón. Su hijo necesita prestar más atención a lo que hace. Pero la respuesta de Charlie no fue sabia. No es suficiente tener razón. También quieres ser sabio.

Los padres a menudo usan el hecho de que tienen razón para justificar una mediocre respuesta parental hacia sus hijos. De hecho, muchas de las personas que desatan su furia contra los demás creen que tienen razón, y a menudo la tienen. Los niños caen en el mismo pensamiento problemático. Un niño de nueve años nos dijo: «Si tuvieran un hermano irritante como el mío, ustedes también le golpearían».

Cuando la gente desarrolla una mentalidad justiciera frente a las situaciones de la vida, justifican su venganza y su furia. Una filosofía bíblica de la paternidad no se centra en tener razón, sino que también busca una respuesta sabia. Una persona sabia reconoce cuándo tiene razón y entonces elige el mejor curso de acción para provocar el cambio deseado.

Ken trabajaba duro con su hija Alisha para que terminara sus tareas de la escuela, pero Alisha olvidó entregarlas al día siguiente. Ken estaba furioso. Él hizo todo aquel esfuerzo por ayudar a su hija y ella ni siquiera entregó el trabajo. Ken respiró hondo para tranquilizarse antes de ir a confrontar a su hija. En vez de echarle la bronca, expresó su tristeza y disgusto por su falta de responsabilidad. Le quitó los privilegios que su hija planeaba para aquella tarde y le dijo que le llamase al día siguiente a la hora de la comida para informarle de que había hablado con el profesor, se había disculpado y había entregado la tarea.

Alisha necesitaba corrección, pero no necesitaba una diatriba furiosa de su padre. La sabiduría requiere perspectiva, soluciones alternativas y la habilidad para refrenar las emociones dañinas para poder ofrecer estrategias útiles.

En el calor del momento puede que parezca justificada una respuesta airada. Cuando una persona siente que tiene la razón, también se siente de algún modo autorizada para dejar salir su frustración porque «la situación lo requiere» o «esa persona se lo merece». La próxima vez que te sientas furioso porque tu hijo hizo algo incorrecto, tómate un momento y pregúntate cuál es tu objetivo. Si solamente estás tratando de vengarte, entonces la ira se vuelve el arma elegida para la mayoría de las infracciones. Si estás tratando de ayudar a tu hijo a crecer o a cambiar, entonces la ira rara vez hace el trabajo. Por eso Santiago 1.20 dice: «porque la ira del hombre no obra la justicia de Dios». Puede que estés interesado en ayudar a tu hijo a hacer lo correcto, pero la ira es una pobre herramienta para conseguirlo.

Tomar un momento para centrarte en tu objetivo puede marcar del todo la diferencia. Cuando estás en desacuerdo con tu adolescente, probablemente puedas ganar la discusión dominando la situación con un mejor razonamiento o intensidad emocional. Pero si tu objetivo es cambiar el pensamiento de tu hijo, considera tomar un enfoque diferente. A veces un silencio estratégico o una meditación pueden liderar a una persona joven a explorar una nueva idea con meticulosidad y permitirle que entre en un nuevo modo de pensar. Y entonces habrás conseguido tu objetivo.

Sacar a tu hijo por la puerta por las mañanas solo es un objetivo secundario. El objetivo primordial es enseñar responsabilidad y control del tiempo. Conseguir buenas notas en la escuela no es lo más importante. Más bien querrás enseñarle a ser meticuloso y perseverante en el proceso. Centrándote en la cualidad del corazón, probablemente escogerás una respuesta más estratégica. Rara vez ocurre esto si te centras en tener razón.

Pausa un momento y pregúntate: «¿Por qué estoy furioso? ¿Y cuál sería el modo más sabio de llevar esta situación para maximizar el cambio?». Una pausa de unos pocos minutos puede arrojar luz a la situación y darte la sabiduría que necesitas para avanzar con más eficacia.

Marsha nos cuenta esta historia: «Entré en la habitación y no podía creer lo que veía. Mi hija de diez años estaba pintando su proyecto de la escuela en la mesa del comedor. Quería gritarle. ¿En qué estaba pensando? Al mismo tiempo tuve la entereza de espíritu de darme cuenta de que estaba siendo responsable con su tarea y trataba de que luciera fenomenal para conseguir una buena nota. Así pues, respiré hondo y le pedí que bajara el pincel y viniera a la cocina. Primero afirmé su iniciativa con su trabajo escolar pero le dije que temía que dañase la mesa. Le dije que me gustaría ayudarla a mover el proyecto afuera a la mesa de picnic con papel de periódico. Fui capaz de enseñarle el peligro de pintar en nuestra mesa al mismo tiempo que la animaba por hacer un buen trabajo con su proyecto. Si hubiera explotado, como sentía que iba a hacer, habría perdido una oportunidad de enseñar».

Los niños necesitan disciplina. Necesitan ser corregidos. Son jóvenes e inmaduros. Pero muchos padres pasan rápidamente a estrategias de corrección que son severas en vez de aquellas que son más eficaces. No estamos sugiriendo que seas indulgente con tus hijos. Al contrario, una filosofía bíblica de la paternidad reconoce que la firmeza enseña carácter, pero el modo de enfocar la situación puede marcar toda la diferencia entre si la corrección es aceptada, resultando en un cambio, o si es resistida, dando como resultado una insensatez continua.

Ten cuidado de no usar el hecho de tener razón para justificar respuestas inadecuadas o consecuencias exageradas. Muchos padres tienen razón. Pocos son sabios. Es la sabiduría lo que maximiza el crecimiento en los niños.

*Cuando sientes que tu paternidad se ha vuelto
demasiado indulgente y ves que es hora de recuperar
el equilibrio, querrás...*

Utilizar la firmeza para centrarte en el carácter

«Mi hija no lo capta. Intento ser bueno con ella y decir que sí siempre que puedo, pero a veces tengo que decir que no y entonces ella me trata como al enemigo. Además, siento que no puedo corregirla porque se enfurece conmigo. Quiero tener una relación cercana, pero no puedo hacerlo y ser padre al mismo tiempo. Tengo miedo de alejarme. No sé qué hacer».

A veces los padres tienen miedo de ser firmes con sus hijos por temor a no gustarles o a añadirles tanta presión a los niños que no puedan manejarla. Por desgracia, muchos niños se aprovechan de la bondad de sus padres y no les corresponden de un modo positivo. La realidad es que muchos niños necesitan una experiencia de disciplina militar para seguir órdenes, trabajar en la actitud y tomar el control sobre su ira. La firmeza es una estrategia parental importante.

La firmeza hace incómodo el patrón actual de respuesta de un niño. Es impresionante lo cómodos que se sienten algunos niños con la resistencia, las quejas, la maldad o la mala actitud. La firmeza aclara que no vamos a continuar viviendo de esta manera. Algunos padres piensan inmediatamente en las consecuencias cuando piensan en firmeza, pero las consecuencias no son más que una pieza de la estrategia. Una de las cosas que hacen que la firmeza funcione es clarificar las expectativas. Cuando las escribes, las cuelgas en una pared o simplemente le pides a tu niño que repita lo que tú esperas que ocurra, estás reforzando tu enfoque firme.

Otro aspecto de la firmeza es la confrontación constructiva que usa el poder de las palabras sin ira para dar más claridad a la situación. Acercarse a un niño y decir: «Lee, creo que no me estás obedeciendo. Te he pedido que dejes de ver el video y vengas a ayudarme a la cocina. Tienes que apagar eso ahora». No es necesaria la ira, pero tu proximidad aumenta la incomodidad que el niño está experimentando. Cuando un niño no responde a tu enfoque relacional, la firmeza comunica que el cambio no es opcional.

Un modo de demostrar firmeza es esperar expectante una vez que has dado la instrucción, esperando que el niño comience a moverse para completar la tarea. Cuando le das a un niño un trabajo para hacer, no te vayas simplemente y supongas que lo hará. Puede que tu hijo necesite que permanezcas ahí unos pocos minutos para asegurarte de que está yendo en la dirección correcta. Tu presencia firme en ese momento aumenta la anticipación y hace que el niño avance.

Algunas veces los padres tienen una filosofía de la paternidad que pasa muy rápido a las estrategias correctivas y usan demasiado la caja de herramientas de las consecuencias. Recuerda que todas las consecuencias se debilitan en su eficacia con el tiempo, así que, cuando sea posible, es mejor confiar en otras herramientas, como la firmeza. La confrontación constructiva, la espera expectante y la clarificación de las expectativas son todas ellas importantes para establecer un firme enfoque parental, y a menudo funcionan antes de que las consecuencias sean necesarias.

Ten cuidado, sin embargo, de no centrarte solo en lo que tu hijo tiene que dejar de hacer. Céntrate más bien en lo que el niño tiene que hacer. De hecho, es mejor centrarse en una cualidad del corazón o en una cuestión de carácter. «Mindy, estamos trabajando en la amabilidad, y lo que le acabas de hacer a tu hermano no ha dado en el clavo. Así que me gustaría que lo intentaras de nuevo. Muéstrame tu amabilidad».

El carácter a menudo se aprende bajo presión. Es verdad que la vida impone su propia presión sobre nuestras vidas, pero a veces los niños no pueden sentirlo. Por eso los padres deben ayudarles a sentir la presión un poco más. No estamos sugiriendo que seas cruel con tus hijos, pero a veces es útil aplicar presión estratégica en algunas ocasiones para que los niños puedan fortalecer las áreas de debilidad.

El hogar es un lugar para que los niños aprendan y crezcan. Si los niños no desarrollan el autocontrol, la cooperación, el honor y la integridad en casa, lo tendrán mucho más difícil allá afuera en el mundo. De hecho, tu firmeza controlada en casa puede enseñarles a tus hijos lecciones con más facilidad que la dureza de la vida que vendrá más adelante.

Romanos 5.3–4 dice: «Y no solo esto, sino que también nos gloriamos en las tribulaciones, sabiendo que la tribulación produce paciencia; y la paciencia, prueba; y la prueba, esperanza». El principio importante de este pasaje es aplicable a todas las personas, incluso a los niños. El crecimiento a menudo toma lugar bajo presión.

Date cuenta de que hay cuatro palabras en este versículo: *tribulaciones, paciencia, prueba* y *esperanza*. Cuando los padres aumentan la presión (tribulación) y le dan a los niños un plan (paciencia), entonces el crecimiento (prueba) es la consecuencia, y una visión positiva del futuro (esperanza) es el resultado.

Una filosofía bíblica de la paternidad se centra en el carácter y demuestra una disposición a añadir algo de sufrimiento, en forma de firmeza, en la vida de un niño. Esencialmente, vas a comunicar este mensaje: «No vamos a vivir más así. No es bueno para ti ahora ni para tu futuro, y no es bueno para nuestra familia». Tu estrategia es ayudar a tu niño a sentirse incómodo con el presente plan operativo. Las cosas tienen que cambiar. La firmeza comienza moviendo a los niños en la dirección positiva.

Pero no empieces a ser firme sin darles a tus niños un plan de lo que quieres que hagan. Céntrate en la cualidad del carácter que estás tratando de desarrollar. Si tu hijo se resiste a la instrucción, entonces trabaja en la cooperación. Si tu hija es mala con su hermano, entonces necesita practicar la amabilidad. Si tienes un niño que miente, entonces la integridad es el objetivo. Si mantienes los ojos en el carácter positivo que se necesita para avanzar, serás capaz de mantener un enfoque positivo incluso en medio de la presión que estás creando.

Una de esas palabras de Romanos 5 es, de nuevo, «paciencia». Tu hijo necesita desarrollarla, pero pocos niños entienden qué es. Los niños tienden a vivir en el presente y a menudo quieren las cosas de inmediato. Los adultos saben que muchas cosas buenas llevan tiempo y trabajo duro, y los niños necesitan desarrollar la paciencia en sus vidas para tener éxito.

Si estás desarrollando un plan para la amabilidad, entonces ayuda a que tus hijos sepan cómo perseverar. Cuando el hermano pequeño es irritante, ¿cómo debería responder la hermana? ¿Qué es ser amable? Cuando tu hijo quiere terminar de ver el video en lugar de ayudarte en la cocina, ¿cómo debe entender de forma diferente la situación? Responder a esa clase de preguntas ayuda a los niños a saber de qué trata la paciencia en términos muy prácticos.

Una vez que hayas aclarado el objetivo (el carácter) y le hayas dado a tu hijo un plan (paciencia), entonces tendrás que añadirle firmeza (sufrimiento) y empezarán a pasar cosas buenas. La belleza de este enfoque es que los niños no solo empiezan a cambiar, sino que experimentan la esperanza prometida en el versículo. Empiezan a creer que es posible conseguir una buena nota cuando trabajan duro, o manejar sus emociones cuando desarrollan el autocontrol.

Usar el modelo de Romanos 5 para ayudar a los niños a cambiar los patrones de conducta negativos le otorga tanto a los padres como a los niños un mapa para enfrentar los difíciles desafíos de la paternidad. No solo los niños experimentarán más esperanza, sino que los padres también lo harán. La firmeza es un buen enfoque cuando encaja dentro de un objetivo mayor como el desarrollo del carácter. En vez de decirle simplemente a los niños lo que quieres que dejen de hacer, estarás desafiándoles a que trabajen hacia el objetivo y avancen hacia la madurez.

Los niños solo admiten la presión que la relación les permite

Dale, padre de dos adolescentes, ofrece una ilus-
tración perspicaz que se aplica a los padres de niños de cualquier edad.
«Cuando estoy trabajando en cosas de la casa, sé que para soltar una tuerca
o abrir una tapa tengo que girarla a la izquierda. Si quiero apretarlo, lo giro
a la derecha. Desearía que fuera así de simple con los niños. ¿Debo apretar
o debo soltar las riendas un poco? Quiero ser cercano, pero también quiero
que mis hijos crezcan. A veces parece que esto son dos direcciones opuestas,
y me dejan paralizado, sin querer cometer un error». Es una gran observación, y responderla te ayudará a añadir una pieza importante a tu filosofía
bíblica de la paternidad.

Los niños necesitan corrección y disciplina. Su inmadurez a veces
requiere que tomes acciones firmes. Nosotros somos defensores de la firmeza y del establecimiento de límites fuertes para los niños en sus áreas de
debilidad con la intención de enseñarles a vivir de forma diferente. La disciplina, sin embargo, debe tener lugar en el contexto de la relación. Cuando
aumente la presión durante un tiempo en la vida familiar, asegúrate de que
también aumentan los tiempos de diversión, de afirmación y de cercanía.
Los dos deben ir juntos. Muchos padres fallan en esta área, y se ven solo
como partidarios de la disciplina. Enfatizar la relación en tu filosofía bíblica
de la paternidad es la diferencia entre una familia y el ejército.

Es importante que los niños aprendan respeto y receptividad a la autoridad, pero eso no significa que los padres tengan que ser exigentes y severos

para enseñar esas cualidades a sus hijos. Tomemos el ejemplo de dar órdenes a los niños. A veces los padres se olvidan de la relación. Ellos ven algo que tiene que hacerse y gritan instrucciones para que los niños lo hagan. El papá va a la cocina y ve el cubo de la basura rebosando y grita: «¡Jimmy!».

No es suficiente ver la necesidad y decirle a alguien que responda a ella. Este enfoque no demuestra valor por la relación. La crianza no trata solo de hacer las tareas; trata de construir relaciones al mismo tiempo. Si el papá se tomara unos momentos y buscara a su hijo, le encontraría teniendo una valiosa conversación con su hermana mayor. La orden debería posponerse unos minutos.

En otra ocasión, cuando el papá quiere dar una instrucción a Jimmy, lo encuentra en la computadora y se toma interés en el juego al que juega su hijo antes de dar la instrucción. La firmeza no tiene que ser fría y distante. El contacto visual, las palabras amables y un poco de tiempo extra añaden un toque personal a la paternidad que ayuda a que los hijos se sientan valorados. Poner la mano en el hombro de tu hijo, hacer que tu hija se acerque para darle una orden, dirigirte a un niño por su nombre y hablar con calma son todos ellos modos de demostrarles a los niños que son importantes.

Por supuesto, a veces los niños necesitan dejar lo que están haciendo y seguir las instrucciones. Es parte del aprendizaje de la obediencia. Muchos niños parece que no pueden seguir una orden sin discutir. En esas situaciones tu hijo probablemente va a necesitar algo de práctica en rendirse y hacer lo correcto sin peleas. Pero aun así, tu firmeza en esos momentos puede ejercerse de un modo honroso.

Como cada paso en una buena rutina de órdenes, acercarse el uno al otro requiere cambios tanto del niño como del padre. Los niños también encuentran tentador gritar por toda la casa. Necesitan aprender que el diálogo solo tiene lugar cuando la relación ha sido establecida mediante el contacto visual y estando físicamente juntos. A veces son las pequeñas cosas las que demuestran que a un padre le importa o que un hijo está dispuesto a escuchar. Bajar el periódico, mirar por encima de la computadora o simplemente girarte para mirar a tu hijo a la cara antes de hablar comunica la importancia de su relación juntos.

Los niños y los padres deberían ser amigos, pero no dejes que ese deseo debilite tu establecimiento de límites. Una madre de tres adolescentes dijo:

«Solía sentirme mal cuando tenía que decir que no porque pensaba que se enfadarían conmigo. Ahora he aprendido a tomar una decisión y a hacerla cumplir porque es lo correcto. Se enfadan, pero lo tengo que hacer porque soy su madre. Después, cuando se calman, saben que lo hice por su bien».

Mantener el equilibrio entre la firmeza y la relación es esencial para ser buenos padres. Si te encuentras indeciso entre una y otra, verás síntomas negativos en tu hijo. El padre que enfatiza demasiado la relación puede que se encuentre con un niño que se aprovecha y no responde adecuadamente, dando como resultado patrones de discusión, resistencia o queja. Por otro lado, el padre que no deja de dar órdenes constantemente pierde la cercanía que proporcionan las relaciones. Ve los síntomas como advertencias para reajustar tu enfoque con la intención de mantener el equilibrio.

Los errores en la paternidad ocurren hasta en las mejores familias. No siempre tienes que tener razón. Tener una relación fuerte con tus niños ayuda a que cada uno lidie con los desafíos corrientes, los errores y las incertezas de madurar juntos. Pedro nos lo recuerda cuando escribe: «Y ante todo, tened entre vosotros ferviente amor; porque el amor cubrirá multitud de pecados» (1 Pedro 4.8). Esa verdad es muy importante para la familia. Los desacuerdos ocurren, la energía emocional se eleva y la tensión llena el ambiente algunas veces. ¿Qué salvará el día y preservará la situación? Las relaciones que desarrollas con los miembros de tu familia. Cuando el amor aumenta, es mucho más sencillo resolver un conflicto y sortear los tiempos difíciles.

Aprender cómo amar en una familia es importante. Es algo más que simplemente un abrazo al irse a dormir. El amor ocurre incluso en los desafíos que enfrentamos. ¿Qué significa ser amoroso cuando tienes que disciplinar, decir que no a una petición o pedirle a un niño que deje algo que está haciendo para seguir una orden? Pablo ofrece algunas palabras de ayuda en Colosenses 3.12: «Vestíos, pues, como escogidos de Dios, santos y amados, de entrañable misericordia, de benignidad, de humildad, de mansedumbre, de paciencia». Esto no es lo opuesto a hacer lo que hay que hacer, corregir a los niños o seguir un horario. De hecho, estas palabras ilustran para los padres modos en los que pueden añadir relación a su paternidad.

Las relaciones fuertes con los niños a menudo sirven para disminuir su resistencia a tu liderazgo. Un enfoque firme pero amoroso les revela a los

23 *La corrección es parte de tu trabajo. Pero para hacerlo de forma efectiva querrás comprender...*

LA DIFERENCIA ENTRE CASTIGO Y DISCIPLINA

LA FAMILIA DE DIANE SE ABOCABA A UN GRAN PROBLEMA, pero ella no podía verlo. Esto es lo que decía: «Tenemos tres hijos menores de nueve años. Queríamos dejar claras las expectativas para nuestros niños, así que colgamos una tabla en el frigorífico que explicaba al detalle las consecuencias de cada ofensa que pudimos imaginar. Hicimos una lista de las ofensas que veíamos normalmente en nuestra casa y después le dijimos a los niños cuál sería el castigo».

Por desgracia, Diane está en la vía rápida para dañar a su familia. Aquí está el porqué: ella no entiende un principio fundamental, y necesita añadirlo a su filosofía bíblica de la paternidad para tener éxito en educar a su familia.

Diane necesita comprender que hay una diferencia importante entre castigo y disciplina. El castigo proporciona una consecuencia no deseada, pero la disciplina significa «enseñar». El castigo es negativo; la disciplina es positiva. El castigo se centra en las fechorías pasadas. La disciplina se centra en las futuras buenas hazañas. A menudo el castigo está motivado por la ira. La disciplina está motivada por el amor. El castigo se centra en la justicia para equilibrar la balanza. La disciplina se centra en la enseñanza, se prepara para la próxima vez.

Jesús no tuvo ningún hijo, pero tuvo discípulos. Las palabras *discípulo* y *disciplina* vienen de la misma raíz. El objetivo de la paternidad es discipular a tus hijos en lo que significa vivir la vida. Esta enseñanza viene de muchos modos: por imitación, instruyendo, hablando, practicando e incluso corrigiendo a tus hijos. El problema es que muchos padres pierden el enfoque positivo cuando se trata de corregir a sus hijos.

La realidad es que la corrección es uno de los modos en que los niños aprenden. Así que los padres necesitan tener una actitud hacia la corrección que mantenga el discipulado en mente. El niño que bromea sin descanso, el que se queja por una chuchería y aquel que riñe con su hermano tienen una cosa en común: una necesidad de ajustar los patrones de conducta y cambiar el corazón. Algunos padres solo usan la condenación o la ira para motivar a su niño para que cambie. Su actitud dice: «Si señalo el problema suficientes veces, él al final cambiará». O: «Si le impongo suficientes consecuencias, entonces el castigo hará que quiera cambiar».

Por desgracia, el enfoque negativo que el castigo suele ofrecer es contraproducente, añade pesadez a la relación y a menudo estorba el progreso. Lo que estos niños necesitan realmente es una corrección firme con un enfoque positivo. Eso significa centrarse en lo que tu niño debería hacer para reemplazar la conducta negativa. Lleva más trabajo disciplinar que castigar, pero la recompensa lo merece. Los niños desarrollan nuevos patrones y las relaciones se hacen más fuertes.

Puede que digas: «Sí, sé que mi filosofía de la paternidad se supone que debe ser positiva, ¿pero cómo puedo ser positivo cuando mis niños están haciéndolo mal?». Un modo es exponer reglas y peticiones en términos positivos. En vez de decir: «No grites», di: «En la tienda hablamos bajito». En vez de: «Deja de portarte mal con el perro», intenta: «Sé amable». En vez de quejarte de la ropa que está por todas partes en la habitación de tu hijo de catorce años, puedes decir: «Tienes que poner la ropa en el cesto cuando ya no la vayas a usar».

Algunos padres protestan: «Eso suena genial, pero mis niños no escuchan. Necesitan algo más que les haga cambiar». Y podríamos estar de acuerdo en que muchos niños necesitan un enfoque multifacético, no solo palabras. Pero en todo ello utilizarás las palabras, y sugerimos que esas palabras sean positivas y alentadoras.

Once veces en el libro de Proverbios se aconseja a los niños que escuchen a sus padres. Por ejemplo, en Proverbios 1.8 dice: «Oye, hijo mío, la instrucción de tu padre, y no desprecies la dirección de tu madre». Si se supone que los niños deben escuchar a sus padres, eso significa que los padres tienen algo que decir. Tus palabras son importantes. No abuses de los oídos expectantes de tus hijos gritándoles palabras de condenación y venganza. Usa tus palabras estratégicamente como herramientas para cambiar el corazón y desarrollar el carácter.

Sonia tiene cuatro niños menores de siete años. Llevó durante un día alrededor del brazo un aparato para contar. Lo clicaba para abajo una vez por cada comentario negativo que le hacía a sus hijos y para arriba con cada uno positivo. A Sonia le sorprendió cuántas veces comunicaba incluso cosas positivas de un modo negativo. Así que empezó a trabajar para cambiar su vocabulario. Buscó modos de afirmar a sus hijos y de decir las cosas de una manera positiva. En vez de decir: «No, no te vas a comer la chuchería ahora», decía: «Sí, puedes comerte la chuchería esta tarde a las tres y media». Ocurrió algo interesante que Sonia no esperaba. La atmósfera de su casa comenzó a inundarse con una actitud más positiva. Parecía que sus hijos aceptaban sus comentarios de buena gana y las relaciones mejoraron.

Puede que lleve un esfuerzo, pero claramente exponer y aclarar una directiva en términos positivos le da a tu niño una imagen nítida de lo que esperas y mantiene la interacción en un tono positivo. Da recordatorios amables para señalarle a tus hijos la dirección correcta.

Por supuesto, muchos niños necesitan algo más que solo un modo positivo de hablar acerca de sus debilidades. Requieren corrección, pero el modo en que corriges puede marcar la diferencia entre la resistencia y la receptividad de tu hijo.

Efesios 6.4 dice: «Y vosotros, padres, no provoquéis a ira a vuestros hijos, sino criadlos en disciplina y amonestación del Señor». La primera parte del versículo describe un modo negativo de relacionarte con los niños. *Provocar a ira* da la impresión de ser cruel y de causar desaliento. En lugar de esa respuesta negativa, a los padres se les instruye para hacer algo positivo: criar a sus hijos en la disciplina y la amonestación del Señor. No quieres disciplinar a tus hijos solamente para librarte de conductas negativas. El propósito de la disciplina es enseñar a tu hijo y mostrarle una mejor manera de vivir.

Muchos de los problemas que tienen los niños son tanto hábitos de comportamiento como deficiencias de carácter. Sería bueno que tuvieran una experiencia como la de la «zarza ardiendo» que cambiara sus vidas instantáneamente, pero no suele ocurrir de ese modo. Incluso Moisés tuvo que pasar cuarenta años en el desierto como pastor cuidando ovejas antes de estar preparado para liderar al pueblo de Dios.

El cambio lleva su tiempo, y muchas pequeñas correcciones y recordatorios pueden contribuir al crecimiento a largo plazo de tu hijo. La palabra *disciplina* usada en el Antiguo Testamento se traduce de la palabra hebrea *hanak*. Significa «enseñar». La enseñanza implica guía hacia un objetivo en particular. Todos los días enseñas a tus hijos a ser adultos responsables y saludables.

Es fácil disgustarte cuando tu niño necesita un montón de corrección o cuando no parece cambiar. Algunos problemas requieren más tiempo para superarse que otros. Tu respuesta es importante. La exasperación puede dañar una relación.

Cuando los padres comprenden y abrazan la diferencia entre castigo y disciplina, eso cambia el modo en que se relacionan con sus hijos. En vez de imponer una consecuencia para equilibrar la balanza de la justicia, buscan enseñar y formar. En vez de ver los momentos de disciplina como irritantes desvíos del camino de la vida, los ven como oportunidades para desarrollar más el carácter en sus hijos. Un pequeño cambio en la perspectiva puede marcar toda la diferencia.

24

Los niños a menudo se portan mal en momentos y lugares donde es difícil disciplinarlos con gracia sin crear alguna clase de escena. Si eso ocurre regularmente, entonces...

No practiques en el supermercado: ese es el examen final

«¿QUÉ HAGO CUANDO MIS HIJOS SE PORTAN MAL EN público?». Esa es la pregunta sobre paternidad más común. Es frustrante cuando los niños pillan una rabieta, salen corriendo, lloriquean, se quejan o desobedecen en el supermercado o en la iglesia. Sería bueno tener un pequeño folleto titulado *Cómo educar en público* que no solo podrías usar tú, sino pasárselo a los demás que se encuentren atrapados en el drama.

La respuesta es que no practiques tus estrategias de disciplina en el supermercado. ¡Ese es el examen final! Practica en la cocina, en el dormitorio, en el lavadero y en el patio trasero. Los niños necesitan aprender a manejar la frustración en casa para que puedan aceptar un no por respuesta en la línea de cajas. Los niños que no han aprendido a aceptar la corrección en casa sin una mala actitud fracasarán rotundamente la prueba cuando tengan público.

Los niños desarrollan patrones de relación. Son predecibles. Quizá, cuando le dices que no a tu hija de cuatro años, ella probablemente pille una rabieta, o cuando le das una orden a tu hija de ocho años, ella discutirá contigo; o cuando corrijas a tu adolescente de trece años, le eche la culpa a los demás, incluyéndote a ti.

A veces los padres sienten como si estuvieran atrapados en un baile y no supieran cómo apagar la música. Saben que las cosas no deberían suceder así, pero es difícil hacer cambios. Estos patrones se llaman *rutinas relacionales*, y se vuelven más arraigadas con el tiempo.

Las rutinas relacionales negativas son más embarazosas cuando estás en público. Tu hijo comienza a discutir en el partido de fútbol igual que lo hace en casa. Tu hija reacciona contigo en la iglesia con la misma falta de respeto que has visto durante semanas. Estos escenarios públicos no son el lugar para practicar el cambio de las rutinas relacionales, al menos no hasta que hayas hecho un trabajo significativo en casa.

Las tendencias de los niños a relacionarse de un modo en particular se desarrollan con el tiempo y a menudo requieren un esfuerzo coordinado para cambiar. Una vez que identifiques el problema específico, entonces practica haciendo lo correcto una y otra vez.

Por ejemplo, Ricky, de cuatro años, ignora a su madre cuando ella le da una orden. Ella tiene que repetirle lo mismo varias veces, a menudo aumentando la intensidad, antes de que él responda. Su mamá decide trabajar con la rutina de las órdenes con Ricky. Ella se da cuenta de que parte del problema en su patrón es que le da órdenes a Ricky cuando él todavía está involucrado en una tarea. La mamá decide cambiar el patrón y determina no darle órdenes a su hijo hasta que él haya dejado de estar concentrado en su actividad. De hecho, la mamá le explica a Ricky que a partir de ahora ella va a llamarle por su nombre y espera que él acuda. Ricky no sabrá por qué le está llamando su mamá. Puede que sea porque es hora de salir de casa, o de tomar una chuchería, o solo porque ella quiere decirle «Te quiero».

La mamá entonces comienza la tarea en casa practicando esta nueva norma de «Ven cuando te llame» con Ricky. La mayor parte del tiempo él viene, pero a veces no lo hace, dando como resultado la inmediata corrección y más práctica. La mamá afirma a Ricky por su respuesta cuando viene. Una vez que le tiene cerca y le da una orden, ella ve una marcada mejora en su obediencia. La mamá continúa la práctica de la nueva rutina con Ricky varias veces al día. Entonces ella practica en el parque y por el vecindario. Cuando se siente segura de que Ricky ha cambiado el patrón relacional de forma significativa, la mamá prueba la nueva rutina en la tienda o en la iglesia, con resultados alentadores.

Gary se dio cuenta de que su hija adolescente era irrespetuosa con él frente a sus amigas. Él había visto el mismo sarcasmo y la misma crueldad cuando estaban a solas, pero era particularmente perturbador enfrente de los demás. Gary sabía que aunque la rutina «pública» se correspondía con la «privada», la vergüenza era mayor con audiencia. Sin embargo, Gary no quería solo quedar bien en público, así que comenzó a cambiar el modo en que él y su hija se relacionaban en privado.

Cuando Gary sentía que su hija había sido grosera, sarcástica o cruel en su discusión, él paraba la conversación con una afirmación del tipo: «Eso no fue amable» o «No tienes que tratarme de mala manera solo porque no estemos de acuerdo». En algunas situaciones el comentario era suficiente para que su hija reculara hacia una conversación más saludable. En un par de ocasiones, sin embargo, su hija estaba particularmente furiosa y se negaba a dar marcha atrás. Su padre pidió un descanso en la discusión para calmarse y después le dijo a su hija que tenía que dejar la computadora e incluso salir de su cuarto hasta que estuviera dispuesta a hablar con él del problema de un modo maduro.

Después de trabajar en los patrones de relación durante unas cuantas semanas, Gary se encontró de nuevo con que se le faltaba el respeto delante de las amigas de su hija, pero esta vez estaba preparado. Gary llamó a su hija aparte, llevándola a la otra habitación, y se enfrentó a ella. Ella recibió la corrección en parte por el trabajo en casa que él había estado haciendo las semanas anteriores, y ella sabía que él hablaba en serio sobre el cambio.

Los patrones necesitan tiempo para ajustarse y a menudo necesitan que los padres se centren en las rutinas relacionales. La próxima vez que te sientas frustrado con la interacción que ves en tu hijo, detente y considera si es un patrón. Si lo es, trata de averiguar cuál es el detonador que lo dispara. Después identifica algunas maneras nuevas de relacionarte y practícalas una y otra vez hasta que se conviertan en un nuevo hábito.

La palabra española para *instrucción* comparte su raíz con la palabra *estructura*, y básicamente significa «dar estructura». Cuando alguien llega a escena y da instrucciones, esa persona da estructura a la situación y ayuda a los demás a saber qué hacer. Una madre ve un patrón negativo entre dos niños y les da directrices sobre cómo interactuar de un modo positivo. Ella añade la estructura necesaria al momento para hacer que funcione la vida familiar. Por desgracia, por culpa de la relación gastada entre padre e hijo, puede que los niños reaccionen con resistencia. Esto es así porque los hábitos se construyen con el tiempo y necesitan un esfuerzo concentrado para cambiar.

Resiste. Recuerda que no estás dando instrucciones acerca de cómo relacionarse simplemente para hacer la vida más sencilla. Estás ayudando a los niños a desarrollar patrones relacionales saludables para el futuro. Sin directrices claras acerca de la estructura en las rutinas relacionales, la vida familiar se desmorona. La instrucción no solo significa decirles a los niños qué hacer, sin embargo. Significa practicar el modo correcto de relacionarse una y otra vez.

Efesios 6.1 dice: «Hijos, obedeced en el Señor a vuestros padres, porque esto es justo». Los padres no piden obediencia porque sea lo conveniente; es lo que hay que hacer. Practicar lo correcto una y otra vez ayuda a los niños a desarrollar patrones que les ayudarán para siempre.

25

Si tus hijos tienden a resistirse, entonces necesitas un plan. Así que...

Prepárate para los tres escenarios de la resistencia

A veces los padres se desconciertan porque la resistencia de sus hijos les sorprende. Es como si esperasen que su hijo les dijese: «Gracias, papá, por decir que no a esa película. Realmente aprecio los límites que me pones». O: «Aprecio, mamá, cuando haces que limpie mi cuarto y haga la cama». Si esperas que tus hijos aprecien siempre tu disciplina, entonces te vas a frustrar, te vas a sentir poco apreciado y te tomarás la resistencia como algo personal.

Los niños no suelen apreciar la disciplina mientras crecen. Muchas veces la gratitud llega cuando se hacen adultos o cuando finalmente tienen sus propios hijos. Para perseverar todos los días, los padres deben tener la seguridad interna de que están haciendo lo correcto. Aquellos que sienten inseguridad o que siempre están dudando de sí mismos pueden acabar sintiéndose confusos y sobrepasados. Estos sentimientos pueden conducir a la frustración o a la ira hacia los niños. Por supuesto, las estrategias de paternidad pobres que son resultado de la ira, además complican la situación, y los problemas de la crianza se vuelven peores.

Estar preparado mental y espiritualmente para los desafíos de la paternidad puede marcar toda la diferencia entre el progreso y el retroceso en el crecimiento de un niño. Esto puede parecer obvio, pero muchos padres se toman las reacciones de sus niños de forma personal. Un papá decía: «Cuando mi hijo me falta al respeto y no me escucha, eso me recuerda que la gente tampoco suele escucharme en el trabajo. Incluso cuando era pequeño, no sentía que estuviera recibiendo mucho respeto de la gente. Así que cuando mi hijo me trata de esta manera, me trae a la cabeza toda clase de recuerdos, y termino con una pobre respuesta que lo empeora todo. Cuando me di cuenta de que estaba reaccionando a cosas del pasado y que mi hijo no sabe toda esta historia, fui capaz de responder de forma diferente. Soy el padre. Tengo que hacer mi trabajo. Es una posición mucho más liberadora para mí como padre».

Disciplinar a los hijos es duro. A veces es frustrante y difícil tanto para el hijo como para el padre, pero los niños lo necesitan. El trabajo de la paternidad produce resultados, aunque puede que esos resultados no sean visibles inmediatamente. Hebreos 12.11 dice: «Es verdad que ninguna disciplina al presente parece ser causa de gozo, sino de tristeza; pero después da fruto apacible de justicia a los que en ella han sido ejercitados».

La resistencia normalmente requiere corrección. Por desgracia, es fácil ver la corrección como un desvío en el camino de la vida, y muchos padres no planifican los desvíos. Están ansiosos por terminar la tarea o por llegar adonde se dirigen. La corrección es una interrupción del trabajo de la vida familiar. Se puede convertir rápidamente en irritación y frustrar incluso al mejor de los padres.

La resistencia de los niños a menudo ocurre en uno de estos tres escenarios: cuando se da una instrucción, cuando se corrige o cuando se da un no por respuesta. De hecho, algunos niños tienen problemas en todas esas tres áreas. Cuando se trata de seguir una instrucción, por ejemplo, a muchos niños no les gusta que se les interrumpa en sus juegos. Quieren que la vida sea fácil. Muchos niños creen que su trabajo primordial en la vida es divertirse. En consecuencia, tus instrucciones les estorban. Parte de tu tarea es enseñarles a los niños que su tarea primordial es aprender a obedecer y a seguir instrucciones, no solo para hacer las cosas o para hacerte a ti la vida más sencilla. La vida familiar es donde los niños aprenden valiosas lecciones acerca del trabajo, las relaciones y abandonar sus planes por otra persona. Las cualidades del corazón de la cooperación, la flexibilidad y la respuesta a la autoridad se aprenden cuando los padres enseñan a sus hijos a seguir órdenes.

La segunda área donde la resistencia es común es durante la corrección. Los niños a menudo no quieren admitir que están equivocados ni aceptar la responsabilidad por su parte del problema. Les echan la culpa a otros, racionalizan sus acciones o se defienden para no tener que ver su propia culpa. Esa resistencia es un signo de inmadurez, y tu persistencia frente a la resistencia les enseña a los niños que la corrección es parte de la vida. De hecho, muchas de las lecciones de la vida se aprenden por medio de la corrección. Es una herramienta que Dios usa para enseñar igual a los jóvenes y a los viejos.

Cuando los niños aprenden a responder bien a la corrección, aprenden humildad, responsabilidad y cómo manejar la culpa. Cuando los niños responden pobremente a la corrección, se están perdiendo uno de los modos que Dios proporciona para el crecimiento y la enseñanza.

El tercer escenario de la resistencia es cuando se da un no por respuesta a una demanda. Cuando los niños no pueden tener lo que quieren, a veces se vuelven demandantes, irrespetuosos y beligerantes. Algunos niños recurren al acoso o al lloriqueo cuando no se salen con la suya. Los niños necesitan aceptar un no por respuesta, y uno de los trabajos de los padres es enseñar a los niños esa lección siendo firmes. Aprendiendo a aceptar ese no, los niños aprenden contentamiento y amabilidad. Además, aprenden la habilidad espiritual de vivir dentro de límites y serán capaces de decir que no a las tentaciones en la vida.

Si los aprenden a anticipar la resistencia, pueden prepararse mejor para permanecer calmados pero firmes. A veces la resistencia es un indicativo de que está ocurriendo otra cosa y necesita un oído atento. El padre que se sorprende por la oposición, puede recurrir a la ira con la intención de subyugar al niño para que se someta, perdiendo una valiosa oportunidad para enseñar.

No dejes que la respuesta pobre de un niño te disuada de lo que sabes que es lo mejor. Recuerda que tu trabajo no es solo ayudar a que tu niño sea feliz. También quieres que crezca y madure. Eso a veces significa experimentar el dolor de las malas elecciones o la decepción de un no por respuesta. Permitir que los niños experimenten la incomodidad de la disciplina puede ser algo muy amoroso.

Así que cuando necesites disciplinar a tu hijo y consigas una pobre respuesta, recuerda que no se espera que la disciplina sea divertida. Aunque quieres buscar modos creativos de enseñar y hacer del aprendizaje una alegría, a veces para aprender una lección un niño necesita experimentar una consecuencia negativa. Anticipa la resistencia estando preparado y persevera porque sabes que lo que estás haciendo es lo mejor para tu hijo. La disciplina es una parte valiosa del crecimiento de tu hijo.

Cuando a tu hijo les cueste aceptar la corrección, recuerda que su respuesta inmediata no es una indicación de la eficacia de la disciplina. Tú estás disciplinando para un beneficio a largo plazo. Esta verdad puede ayudarte a perseverar. Puede ser bastante liberador cuando los padres reconocen que puesto que la disciplina es desagradable, los niños no responderán a menudo con gratitud. A veces ser padre no es fácil, pero la disciplina es una parte necesaria del trabajo.

26

Los niños tienden a unirse o a animarse el uno al otro cuando tú tratas de corregirlos juntos. Encontrarás más productivo...

DISCIPLINAR A LOS NIÑOS POR SEPARADO EN LOS CONFLICTOS ENTRE HERMANOS

—EH, DEVUÉLVEMELO.

—Yo lo tenía primero.

—No es verdad. Yo lo tenía primero.

—¡Para!

—¡Mamáaaa!

Y, por supuesto, esa es la señal para que tú vayas y hagas de Salomón, y ofrezcas algo de sabiduría cuando tus hijos están peleando o discutiendo.

Una de las cosas más tristes para los padres es el conflicto entre hermanos. Tú conoces las posibles consecuencias negativas a largo plazo de las peleas, las burlas y las riñas entre tus hijos. Quieres que tus niños tengan relaciones cercanas, pero parece que están determinados a socavar cualquier unidad por su interacción negativa.

Una madre nos contó: «Cuando las peleas se hacen demasiado fuertes, ¡simplemente entro en mi habitación y cierro la puerta!». De hecho, muchos padres creen que la solución a las discusiones y las riñas es permitir que los niños «lo resuelvan a golpes».

Otros padres, para mantener la paz, separan a los niños e intentan mantenerlos alejados. Imitan al árbitro de un combate de boxeo, deteniendo el conflicto y mandando a los luchadores a esquinas opuestas. Por desgracia, separar a los niños continuamente no resuelve el problema. De hecho, el gong volverá a sonar inevitablemente y los niños volverán a pelear un poco más.

Tanto separar a los niños como dejarles resolverlo a golpes son soluciones inadecuadas para los conflictos entre hermanos porque carecen de la profundidad necesaria para conseguir un cambio duradero. Cuando los padres solo separan a los transgresores o se apartan, pierden valiosas oportunidades para ayudar a sus niños a crecer.

El conflicto entre hermanos y hermanas es la primera lección de un niño en el tema de las relaciones. Tu hogar es el aula, tú eres el profesor y el currículum es un plan saludable para trabajar en el conflicto. Cada situación conflictiva se vuelve una oportunidad para enseñar a los niños cómo relacionarse con más eficacia.

Una de las estrategias más importantes para gestionar el conflicto entre hermanos es disciplinar a los niños por separado, no juntos. Los niños tienen la asombrosa capacidad de desviar la disciplina cuando están juntos... ¡uniéndose contra ti!

Cuando dos niños estén peleando, llama a uno para que salga de la habitación y háblale acerca de cómo lidiar con el conflicto. Algunos padres sienten que deben pararlo todo y administrar consecuencias a ambos niños para ser padres eficaces. Una respuesta mejor es enseñarles en el momento. Apartando solo a uno de los niños eres capaz de ayudarle a desarrollar mejores estrategias de gestión de conflictos. Cuando tu hijo se queja de que solo lo disciplinas a él y no a su hermana, úsalo como una oportunidad para enseñarle un poco. Puedes decir: «Los disciplino a los dos, pero cada uno necesita un enfoque diferente. Tienes razón en que tu hermana necesita corrección, y yo voy a ayudarla con eso. Pero por ahora, su inmadurez es un gran modo de que tú aprendas cómo manejar el conflicto de forma más apropiada. Por eso te enseño a ti».

Enseña a los niños cómo enfrentarse, ignorar, negociar, comprometerse, hablar de los problemas, afirmar a los demás y ser pacificadores. Y cuando hayan alcanzado un punto de frustración, en vez de empezar a pegar golpes, necesitan conseguir ayuda, generalmente de ti. Manda a los niños de vuelta a la situación y prueba de nuevo. Puedes pedirle al mismo niño que salga de la actividad cinco o diez minutos en una hora para continuar señalando el cambio que tiene que tomar lugar. Ayuda a los niños para que sepan qué acciones son apropiadas y, siempre que estén dispuestos a intentar hacer lo correcto, mándalos de nuevo a la situación para practicar. Si es necesario, llama al segundo niño aparte y dale también sugerencias útiles. Entrenarles de este modo puede equipar a los niños con las habilidades y estrategias que necesitan.

La realidad es que cada niño necesita ayuda individual para lidiar con el hermano o la hermana egoísta y con su propio egoísmo. Trabajando con cada uno por separado, tú obtienes una tremenda influencia sobre el proceso y puedes conseguir mucho más.

Reconocer que el conflicto entre hermanos es una oportunidad para enseñar acerca de las relaciones le da al problema una perspectiva completamente nueva. Cuando escuches las interacciones de tus hijos, serás capaz de identificar las habilidades específicas que necesitan, los botones que se activan con facilidad y las debilidades relacionales que tienen que tratarse.

Por supuesto, cuando los niños vienen a ti con un problema, quieres evitar la conversación del «él dijo, ella dijo». Muchos niños quieren discutir quién comenzó y quién lo tenía primero. La auténtica pregunta que ayuda a los niños a lidiar con la cuestión del conflicto es: «¿Cómo podrías haber manejado esto de mejor manera?». Ciertamente, hay veces en que los padres deben intervenir para disciplinar a uno o a varios de los niños, pero otras veces los niños practican las habilidades de resolución de conflictos con una pequeña directriz de uno de los padres.

A menudo ayuda reconocer la inmadurez del otro niño: «Tienes razón. Tu hermano no tendría que haber atesorado todas las piezas. Está equivocado y necesita corrección. Pero gritarle y empujarle no es el mejor modo de hacerlo. Vamos a hablar de lo que puedes hacer para resolver esta manera de una manera mejor». Los niños necesitan aprender. La realidad es que los mismos problemas salen a la luz una y otra vez. Los niños necesitan un plan, y luego necesitan practicarlo.

Una vez vinieron dos hombres a Jesús para hacerle una pregunta, revelando su naturaleza competitiva y su propio egoísmo. Querían los mejores asientos. En Marcos 10.37–44 Santiago y Juan le preguntan a Jesús si ellos, y no los otros amigos de Jesús, podían sentarse a su derecha y a su izquierda en su reino. La pregunta nos recuerda a muchos niños que compiten con otros por los mejores asientos o el primer lugar en la fila. Esa naturaleza competitiva simplemente revela egoísmo. La respuesta de Jesús a sus discípulos es instructiva para todos nosotros, y particularmente útil para los niños. Él dijo: «El que quiera hacerse grande entre vosotros será vuestro servidor».

Muchos niños necesitan saber cómo lidiar con su propio egoísmo y con el de sus hermanos y hermanas. Cuando trabajas con tus niños en esta área, les preparas para enfrentarse a la vida. Después de todo, los adultos enfrentan desafíos con el egoísmo con regularidad. Las lecciones aprendidas ahora las utilizarán durante el resto de sus vidas.

27 *Los niños furiosos tienden a instigar peleas. Cuando tu niño te provoque, busca modos de...*

EVITAR EL RING DE BOXEO

JASON, DE DOCE AÑOS, ESTABA FURIOSO. SU PAPÁ LE HABÍA dejado claro que ese sábado iban a trabajar juntos limpiando el jardín antes de la barbacoa de la noche, pero Jason quería ir a montar en canoa con su amigo. Durante toda la mañana el papá buscó modos de fomentar un sentido de trabajo en equipo, pero Jason se resistía, lanzando quejas aquí y allá acerca de lo injusto que era tener que pasar el sábado trabajando en el jardín. «Mis amigos no tienen que hacer trabajo de esclavos en *sus* sábados».

El papá trató de ser paciente y comprensivo, pero a media mañana ya tenía suficiente. ¿Por qué no podía Jason simplemente cooperar y dejar de actuar tan egoístamente? La ira del papá comenzaba a crecer por dentro. No pasó mucho hasta que las palabras furiosas llenaron sus pensamientos. Esta escena podría haberse vuelto bastante fea, pero entonces el papá recordó el principio del ring de boxeo. Con una rápida oración fue capaz de tranquilizar su corazón y planificar un enfoque diferente al problema.

El papá se tomó un breve descanso y fue adentro a buscar dos bebidas frías y algo de comer para compartir con su hijo. Después regresó fuera y llamó a su hijo para que hiciese una pausa. La discusión que siguió comenzó así: «Hijo, sé que estás disgustado por tener que trabajar hoy, y te decepciona haberte perdido el viaje en canoa, pero tenemos un problema importante aquí con tu actitud. Si no puedes cambiar el modo en que me tratas, entonces voy a tener que disciplinarte». El papá no estaba dispuesto a que su hijo continuara con el curso actual, pero también estaba comprometido a disciplinar a su hijo sin pelearse con él.

Cuando los niños están furiosos, tratan de provocar a sus padres para que se unan a ellos peleando, siendo desagradables y usando la intensidad. Es como si el niño estuviera en un ring de boxeo, haciéndole burla al padre para que entre y pelee con él.

Por supuesto, muchos papás y mamás saben que tienen voces más fuertes, mejores cualidades de pelea y más intensidad que el niño, así que les encanta saltar al ring. La decisión de pelear la ira con ira hace que los padres se pierdan tremendas oportunidades. Como hablábamos en un capítulo anterior, gritar a los niños ocasiona daños en tres áreas. Primero, los niños reciben, y empiezan a creer, el mensaje de que son indignos, inaceptables y que no se les quiere. Segundo, la relación desarrolla distancia, y cada episodio de ira crea otro ladrillo en una pared entre el padre y el hijo. Tercero, el padre, sabiendo que la ira es la respuesta equivocada, termina sintiéndose culpable, y con toda la razón.

Santiago 1.20 lo explica bien: «La ira del hombre no obra la justicia de Dios». Hay un modo mejor, pero muchos padres tienden a creer que la ira representa fuerza, y cualquier otra cosa es un signo de debilidad. Esa creencia distorsiona su filosofía de la paternidad y les mantiene arraigados en un patrón de ira en vez de liberarles para buscar mejores soluciones. En muchos casos es necesario un enfoque firme, pero no la ira. La fuerza no se mide por la capacidad de uno de verter intensidad emocional en una situación. Más bien, la fuerza que viene de Dios se demuestra permaneciendo bajo control, y aun así siendo capaces de avanzar por el campo de minas del conflicto en las relaciones. Solo los más maduros son capaces de avanzar en una situación de conflicto sin perder la calma.

Una vez que los padres desarrollan una estrategia para una crianza mejor que reduce su propia ira, todavía tienen que esquivar las respuestas airadas de sus hijos. A los niños no les gusta estar enfadados solos. Ellos quieren compañía. Así que envían invitaciones para su fiesta de la ira presionando a los padres para que se suban con ellos al ring. Es sorprendente cuántos padres confirman su asistencia y dicen: «Estaré allí». Después se unen a sus hijos en el episodio de ira.

Los niños son listos y saben qué botones de papá o mamá apretar. Es impresionante, sin embargo, cuántos padres pican el anzuelo. Un niño dice: «Nunca me das chucherías» y de repente el padre está listo para luchar. O dice: «Papá no lo haría así», o «No quiero ir al colegio», y la mamá entra en una diatriba. A menudo los niños saben que gritar o darle patadas a la pared provocará al padre. Si tú encuentras irresistibles esas oportunidades, puede que sea una indicación de que necesitas trabajar un poco con tu propia ira.

Santiago 1.19 dice: «Todo hombre sea pronto para oír, tardo para hablar, tardo para airarse». Ese es realmente un consejo necesario para los padres. Es impresionante, sin embargo, lo fácilmente que entran los padres en el juego. Cuando se les pregunta, muchos padres dicen que se ponen furiosos cuando lo hacen sus hijos. Es una respuesta común, pero eso no significa que sea útil.

Los niños furiosos necesitan ver que la ira es su problema. Cuando los padres saltan al ring, entonces el foco se aparta de la ofensa, de la ira del niño, y se crea un problema nuevo en la relación. Permaneciendo calmado y firme eres capaz de ayudar a tu hijo a gestionar su propia ira.

Otro problema es que los niños que crecen en hogares explosivos aprenden a tomar decisiones basándose en la evitación del siguiente estallido de ira. Por desgracia, puede que se conviertan en adultos complacientes, que traten de mantener a los demás felices en vez de tomar decisiones porque algo sea correcto o erróneo. En vez de eso, los niños necesitan aprender cómo tomar decisiones basadas en valores y convicciones. ¿Cómo lo hacen? Aprenden, en parte, cuando los padres disciplinan con firmeza y amor en vez de ira.

Algunos padres parecen bastante satisfechos con una filosofía de la paternidad que usa la ira para resolver los problemas de crianza. Después de todo, la ira suele funcionar, al menos a corto plazo. Mantiene a los hijos activos o los motiva a parar y escuchar. Pero al final eso daña la capacidad de tomar decisiones de un niño. Los niños suelen necesitar firmeza cuando están fuera de control. La intensidad parental no tiene que ser parte de la ecuación.

«Entonces —dirás—, ¿cómo mantengo la calma cuando mis hijos la pierden?». La respuesta es que necesitas un plan. La gente que no tiene un plan suele usar la ira para resolver los problemas. Cuando se trata de la paternidad, la carencia de plan resulta en el uso de la ira como una consecuencia. La ira puede parecer ser una solución sencilla, pero recuerda que tú no estás criando solo por comodidad. Al menos no deberías hacerlo. Estás criando para el largo plazo. Cuando tomas tiempo extra para desarrollar un plan para el cambio real del corazón, los niños crecen con las herramientas que necesitan para tener éxito en la vida.

La primera parte del plan es negarse a entrar en el ring. «No voy a pelear contigo», dices. «Tienes que ir al pasillo, sentarte allí y calmarte». A veces eso significa que debes apartarte un poco. Por supuesto, los niños que quieren pelear tratarán de atraerte de nuevo hacia el ring. Niégate a entrar en el juego.

Después querrás desarrollar algunas soluciones para las distintas cuestiones de crianza que enfrentas. Identifica aquellas áreas donde tiendas a entrar en cólera y trabaja nuevas estrategias para gestionar esos problemas en particular. Llevará algo de trabajo, pero si tienes el plan en su sitio entonces, cuando comiences a ponerte furioso, puedes moverte con calma hacia tu plan.

Se necesita un carácter fuerte y autocontrol para responder con calma frente a la ira. Por un tiempo querrás poner algo de esfuerzo extra en permanecer calmado cuando tu hijo esté disgustado. En vez de centrarte en la disciplina o las soluciones o en que tus hijos hagan lo correcto, puede que sea más eficaz que hagas de mantener la calma tu objetivo primordial. Te sorprenderán los beneficios a largo término para ti y para tu hijo cuando aprendas a permanecer fuera del ring de boxeo.

28

Emociones como la ira, la decepción, la excitación o la anticipación fácilmente pueden crear desafíos en la vida familiar, así que es valioso...

ENSEÑAR A LOS NIÑOS A COMUNICAR LAS EMOCIONES CON SABIDURÍA

EL GRAN GÉISER DEL PARQUE NACIONAL DE YELLOWStone es el más grande y el más predecible del mundo. Normalmente hace erupciones de unos 12 minutos cada 8 o 12 horas. Aunque la erupción es espectacular, no es tan predecible como el Old Faithful, el géiser más conocido del parque que hace erupción cada 35 o 120 minutos y dura menos de 5 minutos. La gente se agolpa alrededor, esperando con anticipación la siguiente erupción. El proceso completo es un recordatorio para muchas familias, donde las erupciones pueden tener lugar en cualquier momento.

Toda familia exitosa necesita tener un plan para gestionar las emociones, para que no se les vayan de las manos. Uno de los indicadores clave de la madurez es la capacidad de manejar y comunicar emociones de una manera saludable. Muchos padres se frustran con las explosiones emocionales de sus hijos y no saben cómo responder ellos mismos sin implicarse emocionalmente. Un signo de salud familiar es la habilidad de manejar bien las emociones. Eso no significa que cada uno deba demostrar siempre autocontrol; significa que los miembros de la familia comprenden cómo responder de la mejor manera a sus propias emociones y a las de los demás.

Las emociones no son malas, pero a veces las acciones que vienen de ellas pueden ser dañinas. Empatizar con los sentimientos sin consentir las acciones puede ser un desafío para cualquier padre. Aquí tienen algunas sugerencias para desarrollar madurez emocional en los niños.

Lo primero de todo, los niños que son emocionales por naturaleza necesitan aprender que su acrecentado sentido de la emoción es un regalo que tiene que desarrollarse y gestionarse, en vez de verlo como una maldición que debe ser tolerada. El individuo emocionalmente sensible tiene la capacidad de captar las señales del entorno más rápido que los demás. Esta persona a menudo puede entrar en una habitación y ver que algo no va bien antes que los demás. Dios le ha dado una dosis extra de emociones a algunos niños, y puede que ellos finalmente se conviertan en pastores o consejeros, ya que pueden aprender a entender las emociones de los demás. O puede que tu hijo se convierta en un buen vendedor, capaz de sentir el mejor momento para cerrar un trato. La cuestión es que las reacciones emocionales de los niños, aunque necesitan corrección, a menudo son señal de una fortaleza que simplemente necesita ser gestionada.

Hay una diferencia entre sensibilidad y reacción emocional. Los niños pueden aprender que la ira es buena para identificar problemas pero no lo es para resolverlos. Después de todo, Jesús se puso furioso, pero él sabía cómo usar su ira de un modo productivo. Marcos 3.5 dice: «Entonces, mirándolos alrededor con enojo, entristecido por la dureza de sus corazones, dijo al hombre: extiende tu mano. Y él la extendió, y la mano le fue restaurada sana». Jesús no reaccionó según su ira. En vez de eso, le dio la vuelta e hizo algo productivo. Los niños pueden ser como Jesús en este mismo modo, pero requiere entrenamiento. Por desgracia, muchos niños simplemente reaccionan según sus emociones, dando como resultado palabras y acciones hirientes. Existe un modo mejor, y el hogar es un lugar fantástico para aprenderlo.

Muchos niños necesitan desarrollar una conciencia mayor de su estado emocional interno. Algunos niños no saben que están furiosos hasta que rompen algo o gritan malas palabras. Necesitan ver que la ira viene antes de la reacción para poder ser más productivos. Uno de los modos de ayudar a los niños a reconocer sus propias emociones es observar las de los demás.

Un padre quería trabajar la conciencia emocional con su hija de siete años, Diane, que parecía obviar sus emociones y las de los demás. Él llevaba un registro diario y, por la noche, le pedía a Diane que identificara ejemplos de amigos o de miembros de la familia que hubieran estado tristes, alegres o enfadados aquel día. Después le preguntaba: «¿Cómo puedes responder a esa persona de un modo útil?».

Continuaron con este ejercicio todas las tardes durante dos semanas. Después de un tiempo ayudó a Diane a salir de sí misma, mirar las necesidades y los sentimientos de los demás y después a hablar de modos de responder de forma apropiada. Cuando su hermano se enfada, puede que sea mejor dejarle solo o simplemente hacerle una pregunta adecuada. Con su amiga que está triste, ella puede ofrecerle ayuda y después escuchar empáticamente. Cuando mamá está contenta, Diane puede unirse a la alegría escuchando la historia y disfrutando también de la situación.

Saber cómo comunicar las emociones también es importante. Algunos niños lo procesan por dentro, revolviéndose pero sin dejar que los demás vean fácilmente sus luchas. Otros lo procesan por fuera, revelando todo lo que piensan a cualquiera que esté escuchando. Los niños se benefician cuando los padres hablan más acerca de sus emociones y de las diferentes clases de sentimientos que experimentan. Ya sea que estén avergonzados, tristes, temerosos o disgustados, los niños a menudo responden con ira, sin reconocer las otras emociones que están presentes. Los padres pueden dar una enseñanza significativa reflejando la emoción que ven. «Parece que estás disgustado porque no puedes ir al partido de fútbol. Eso tiene sentido. Yo también estaría disgustado. Pero eso no significa que tengas que tratar groseramente a los demás».

De nuevo, los niños no reconocen que están disgustados hasta que han herido a alguien o han dicho algo inapropiado. Por ejemplo, el niño al que no le gusta una instrucción o limitación puede revelar frustración hacia el exterior, a veces de un modo disimulado y otras con una venganza patente. Ayúdale a reconocer su frustración *antes* de que se comporte mal.

Una mamá dijo: «Puedo decir cuándo mi hijo de trece años está teniendo una mala actitud. Se vuelve más brusco en sus acciones y palabras. Su rudeza manda un mensaje que dice: "No estoy contento contigo"». Al hacer la observación antes, la mamá era capaz de elevar el nivel de conciencia de su hijo antes de que tomara lugar la explosión.

Es importante recordar dos reglas de compromiso cuando nos enfrentamos a la ira de un niño. La Regla de Compromiso n° 1 es que no tengas miedo de las emociones de tu hijo. A veces los niños usan los estallidos como forma de autoprotección para prevenir que los padres los desafíen. En ese caso necesitas ver la manifestación de la emoción como una pantalla de humo, y mirar más allá, hacia el centro de la cuestión.

Puedes elegir no enfrentarte en el calor del momento, pero no dejes que la ira de tu hijo evite tu corrección. Los padres a veces ven la emoción como un ataque personal y reaccionan ante ello, perdiendo cualquier beneficio real que pudiera venir de la interacción. Eso nos lleva a...

Regla de Compromiso n° 2: no uses tu propia ira para dominar la de tu hijo. Proverbios 15.1 dice: «La blanda respuesta quita la ira; mas la palabra áspera hace subir el furor». Cuando empieces a perder el control, toma un respiro. Regresa después y trabaja con ello un poco más: «He estado pensando en el modo en que me respondiste antes cuando te pedí que hicieras tus deberes. Me gustaría compartir una observación que puede serte de ayuda. Parece que crees que debes ser capaz de esperar y hacer tus deberes justo antes de irte a dormir o por la mañana antes de ir a la escuela. ¿Es eso lo que estás diciendo? Uno de los valores que estoy tratando de enseñarte es que la autodisciplina a menudo significa que primero trabajamos y jugamos después. Esa es una de las razones por las que te pido que hagas tus deberes pronto cada día. Estoy tratando de enseñarte un valor importante. Sé que tú quizá no estés de acuerdo conmigo, pero quiero que sepas por qué te estoy pidiendo que hagas tus deberes antes de la cena». Más allá de esto puede ser necesaria una consecuencia o una corrección, pero permitir que la emoción se asiente antes de la confrontación puede ayudar a que el niño sea más receptivo a la corrección. Y no solo es la emoción del niño la que tiene que asentarse. A veces los padres necesitan un poco de tiempo para regresar con un enfoque más sabio.

Permitir que las emociones se asienten primero puede traer oportunidades para el diálogo después en vez de convertir la cuestión presente en una batalla campal. Date cuenta de que los niños se irán pensando en lo que has dicho, incluso aunque su respuesta inicial parezca la de no escucharte. Prepara lo que vas a decir y elige los tiempos con cautela, sin que te atrape la emoción del momento, y ayudarás a tu hijo a aprender a lidiar con las emociones de forma más apropiada.

29

*Cuando te encuentras dando la misma orden
a tu hijo una y otra vez antes de ver una
respuesta, quizá sea tiempo de...*

DEJAR DE HABLAR Y EMPEZAR
A ACTUAR

«ABBEY, ES HORA DE GUARDAR LA CASITA Y LAS MUÑECAS».

«¡Abbey! ¿Me has escuchado? Es hora de recoger».

«¡Abbeeeeey! ¡A la cama! Dije que dejaras de jugar y recogieras».

«*¡Abbey!* Tienes que obedecer. Es hora de ir a dormir. ¡Recoge esas muñecas ahora!».

«¡Abbey, ya! ¿¡Por qué no me escuchas!? *Tienes que recoger ahora mismo o voy a...*».

¿Cómo sabe tu hijo cuándo es hora de ponerse en marcha cuando le das una instrucción? ¿Cómo sabe cuándo estás hablando en serio? La respuesta es que lo sabe por que tú das pistas, y tu hijo sabe cuáles son esas pistas. La solución al retraso de la obediencia es fortalecer tu *punto de acción*. Todos los padres tienen uno. Un punto de acción es el punto en que dejas de hablar y comienzas a actuar, o el punto en el que los niños saben que hablas en serio. Es una filosofía bíblica de la paternidad demostrada en términos prácticos.

Haz memoria a tu propia infancia. ¿Cómo sabías que tu padre o tu madre hablaban en serio? Quizá usaran tu segundo nombre o se empezaran a encaminar a la cocina donde guardaban ese utensilio especial. Puede que se levantaran de la silla, o empezasen a andar hacia ti, o te lanzaran esa mirada. La cuestión es que lo sabías.

El punto de acción difiere entre los adultos. Los padres tienen uno diferente al de las madres. El profesor de la escuela y la niñera, cada uno tienen uno, y el modo en que los niños responden está determinado por las pistas que dan esos líderes.

Por desgracia, muchos padres usan la ira como la señal que les dice a sus niños que es hora de pasar a la acción. Aunque puede funcionar a corto plazo, la rudeza tiene efectos secundarios negativos. Una herramienta importante en la paternidad es comunicar tu punto de acción sin ira.

Quizá estés diciendo: «Pero mis hijos no obedecerán a menos que me enfade». Probablemente tienes razón, pero solo porque les has enseñado a esperar hasta que te enfadas para que tengan que responder. Tu señal es la ira, y los niños lo saben. Si te das cuenta de que has estado confiando en el enfado para motivar a tus hijos, es hora de hacer un cambio. ¿Qué señales quieres usar para indicar que es hora de recoger, o de marcharse?

Puedes decir: «Karyn, por favor, apaga la televisión ahora». El nombre del niño y la palabra *ahora* pueden convertirse en las pistas para avisar de que lo próximo que harás será seguir adelante y entrar en acción. O puedes prologar lo que vas a decir con las palabras: «Karyn, esto es una orden».

Cuando estés preparado para hacer el cambio, habla con tus hijos. Explícales que no has sido sabio enseñándoles a esperar hasta que te ponías furioso para que ellos empezaran a obedecer. A partir de ahora se lo vas a pedir una vez; después entrarás en acción. Si tu hijo no responde a las nuevas señales, entonces pasa a la consecuencia.

Ten cuidado con los múltiples avisos o con contar hasta tres, todas ellas estrategias que pueden debilitar el proceso de instrucción. Un aviso puede ser útil para asegurarte de que los niños han entendido la orden, pero el siguiente paso debería ser seguir adelante. Si fortaleces tu punto de acción, te pondrás furioso con menos frecuencia y tus niños responderán más rápido.

Muchos padres tienen miedo de convertirse en sargentos, ordenando a sus niños por doquier y esperando obediencia instantánea, así que se vuelven tan relacionales que sus órdenes suenan más como sugerencias, ideas u opiniones. O creen que tienen que convencer a sus hijos para que quieran obedecer. Ese es un ejemplo de una filosofía de la paternidad pobre.

Muchos niños en esos hogares, pues, parece que no pueden ni seguir las órdenes más simples sin rechistar. Si ese patrón continúa, esos niños tenderán a ser empleados mediocres, a desarrollar actitudes egoístas a la hora de seguir el liderazgo de otra persona y a pasarlo mal en las relaciones porque no habrán aprendido a sacrificar sus prioridades por los demás.

Explicar las razones detrás de las instrucciones puede ser valioso en ocasiones, pero a veces incluso nosotros, como adultos, debemos obedecer primero y comprender después. Dios le pidió a Abraham que sacrificara a su hijo sin comprenderlo del todo y después se le contó como fe cuando obedeció (Génesis 22.1–2). Pedro no supo por qué iba a ir a la casa de Cornelio pero fue de todos modos, solo para descubrir que Dios quería llevar la salvación a los gentiles (Hechos 10). A Felipe se le pidió que dejara un avivamiento en Samaria y se fuera al desierto, sin saber por qué; pero cuando llegó allí, condujo a un hombre etíope a Cristo (Hechos 8.26–40). La cuestión es que los niños no tienen que saber la razón del porqué para responder a la orden.

Algunos padres dudan al enseñarles a sus hijos a responder a la autoridad porque no quieren que sus hijos obedezcan ciegamente simplemente porque alguien lo dice. Desafiar la autoridad no está mal, pero es una habilidad avanzada, y los niños primero necesitan aprender a dejar de lado sus prioridades y cooperar con los demás.

Un problema común que experimentan los padres es poner en marcha a los niños por las mañanas. Una mamá desarrolló un nuevo plan matinal, y así fue cómo lo compartió con sus niños de nueve y once años: «He estado gritando un montón por las mañanas y ya no quiero hacerlo más. Así que este es el plan. Vamos a hacer controles cada mañana. A las 7:15 de la mañana tienen que estar abajo para el desayuno, vestidos y con los zapatos puestos, y con la cama hecha. A las 7:50 de la noche tienen que haber terminado las tareas y haberse peinado. Estos son puntos del control.

»Lo estoy haciendo para ayudarlos a arreglárselas cada mañana. Ya son suficientemente mayores para hacerlo solos en vez de que yo tenga que empujarles. Se sentirán mejor por la mañana y este plan reducirá la tensión que normalmente experimentamos. Para ayudarlos a motivarse para pasar estos controles, quiero que sepan que si fallan en uno una mañana tendrán que ir a la cama media hora antes esa noche, puesto que necesitan más sueño para despertarse y prepararse».

Terminaron la reunión positivamente, ya que los niños se sentían autorizados y animados para apañárselas la mañana siguiente. El plan de la mamá llevó un poco de esfuerzo extra y de trabajo para hacerlo cumplir al principio, pero al final las rutinas de la mañana se suavizaron. Sus hijos tuvieron éxito preparándose, y la mamá no tuvo que regañar ni ser dura. Reemplazó los gritos y las riñas por firmeza. Los controles ayudaron a definir su punto de acción, y los niños comprendieron las nuevas directrices.

Una respuesta rápida de los niños a los padres también tiene ramificaciones espirituales. Siempre es mejor responder a los susurros del Espíritu Santo en nuestros corazones. Pero cuando no escuchamos, puede que Dios tenga que utilizar otros modos para conseguir nuestra atención. No hay mejor momento que ahora para que los niños aprendan esta valiosa lección de la vida.

30

Los niños a veces pueden no aceptar tu no por respuesta y buscan toda clase de estrategias para conseguir que cambies de idea. No está mal cambiar de idea, pero ten cuidado...

No cedas ante la manipulación

CUANDO TU HIJO NO CONSIGUE LO QUE QUIERE, ¿CUÁL ES su respuesta? La tristeza es razonable. Pero algunos niños recurren a los estallidos de ira y a las técnicas manipulativas que son inmaduras e inaceptables. Los estallidos emocionales, los dramas y las quejas son hábitos que a veces adoptan los niños para tratar de conseguir lo que quieren o simplemente para hacer miserables a los demás.

Decir que no a la petición de un niño puede ser una de las responsabilidades de la crianza más difíciles. Te preguntarás si estás siendo demasiado estricto, o te replantearás tu decisión porque tu niño parece muy disgustado. El proceso de decir que no es complicado por la capacidad del niño de usar un sinfín de técnicas manipulativas para hacerte cambiar de idea.

Puede que los niños ni siquiera se den cuenta de que están siendo manipulativos. Se ven a sí mismos como si estuvieran persiguiendo un objetivo. De hecho, muchos padres confunden la exigencia de sus hijos con la buena cualidad de la perseverancia. Una mamá nos dijo: «Me gusta que mi hijo siempre regrese a mí. Es persistente».

Por desgracia, muchos niños no se dan cuenta de que han cruzado la línea de la persistencia a la exigencia. Esa línea se cruza cuando los niños valoran su causa más que la relación. Cuando un niño le grita a un padre o le dice cosas desagradables porque no consigue lo que quiere, ha cruzado la línea.

Los padres que usan una simple modificación de la conducta en su enfoque para la exigencia a menudo usan la distracción para ayudar a los niños a cambiar de idea. Como estrategia disciplinaria, la distracción ofrece algo igual o más atractivo al niño para motivarle a que ceda la petición original. Este enfoque a menudo funciona y puede incluso ser una parte buena de una filosofía bíblica de la paternidad, pero si es la única respuesta, entonces los niños empezarán a evaluar sus opciones basándose en su valor personal en vez de aprender cómo aceptar un no por respuesta. A veces los padres que abusan de la distracción como estrategia de crianza terminan con niños que quieren jugar continuamente al juego de «Hagamos un trato», o la experiencia entera se acaba pareciendo a una negociación con un terrorista. La realidad es que a veces los niños necesitan aceptar un no por respuesta porque la respuesta es no. Es la capacidad de vivir dentro de límites. El contentamiento es una cualidad divina y se enseña en casa.

La exigencia de un niño tiene muchas formas. Molestar, discutir, quejarse, hacer dramas, el manejo del silencio y la resistencia pasiva pueden ser tácticas desleales usadas para cambiar el parecer del padre.

A veces molestar solo es un intento de ganar atención, y un montón: pregunta tras pregunta, tras pregunta. Algunos niños parecen haber hecho de esta estrategia una ciencia. Pero los padres pueden ser igual de determinados. Una mamá trató tanto de resistirse al acoso de su hijo que él finalmente alzó las manos con frustración y dijo: «¡Mamá, eres una testaruda!».

Cualquier padre que tiene un niño que fastidia siente una tensión interminable en la relación. Puede que los padres quieran esconderse, o incluso buscar modos de evitar a su hijo o hija. Algunos padres dicen que se encogen de miedo cuando ven a su hijo entrar en la habitación con esos ojos de determinación. La tensión en la relación se ha convertido en auténtica irritación.

Si tienes un niño que no sabe cuándo parar, primero necesitas señalarlo para que tu niño sea más consciente del problema. Puedes decir: «Hijo, estamos volviendo a la rutina del fastidio. Quiero que pares ahora y que no me preguntes nada durante la próxima hora. Podemos continuar hablando o estar juntos, pero no habrá más solicitudes de permiso durante un rato».

A veces los niños mayores harán interpelaciones o declaraciones para tratar de convencerte para que rompas las reglas. Una de las preguntas favoritas es: «¿Qué tiene eso de malo?». Un joven puede acercarse al papá y pedirle pasar un rato en el centro comercial, o en la casa de un amigo después de la escuela, o asistir a una fiesta el viernes por la noche. ¿Qué hay de malo en esas cosas? Nada necesariamente. Los padres sabios saben, sin embargo, que a menudo es en esas situaciones cuando comienzan las cosas malas, pero el niño simplemente no puede verlo. No le parece razonable.

Se necesita un padre muy comprometido para permanecer aferrado a un no por respuesta en una situación cuestionable, y muchos fallan. «Bueno, supongo que podrías ir a esa fiesta, y pasarte después de la escuela por la casa de tu novio» y... muy pronto suceden cosas que cambian el curso de la vida del niño.

«¿Qué tiene de malo?» es una pregunta que falla en su planteamiento. Es como cocinar una sopa. No es solo poner cosas dentro de la olla. No decimos: «Bueno, no hay nada malo con este barro. En realidad es barro limpio, así que lo pondremos dentro de la sopa». En vez de eso, escogemos los ingredientes que hacen la sopa nutritiva.

No permitas que tus niños te convenzan para hacer cambios que tú sabes que no son lo mejor para ellos. Además, no dejes que usen la manipulación para conseguir lo que quieren. La manipulación habitual con el tiempo daña las relaciones. Muchos adultos son manipuladores. Es tiempo de abordar esta peligrosa área ahora, en los niños, antes de que se convierta en un patrón de por vida.

Ser capaz de aceptar un no por respuesta es una habilidad espiritual que todo el mundo necesita aprender. Hay un montón de tentaciones ahí fuera, y los niños necesitan aprender a decirse que no a sí mismos para permanecer dentro de los límites apropiados. La salvación nos proporciona un marco para que sepamos a qué decir que no. Tito 2.11–12 comparte estas útiles palabras: «Porque la gracia de Dios se ha manifestado para salvación a todos los hombres, enseñándonos que, renunciando a la impiedad y a los deseos mundanos, vivamos en este siglo sobria, justa y piadosamente».

A veces como padre tendrás que tomar el camino difícil de decir que no porque sabes el daño que haría un sí. Además, tu trabajo duro ahora le proporcionará a tus hijos el carácter necesario cuando se hagan mayores.

31

Los niños necesitan un modo respetuoso de desafiar a un padre o a otra autoridad. Para prepararlos para la vida fuera del hogar...

ENSEÑA A LOS NIÑOS EL ATRACTIVO DE LA SABIDURÍA

LA BIBLIA NOS CUENTA QUE DIOS LE DIO AL JOVEN DANIEL una gran sabiduría que un día le propulsaría hacia el liderazgo en el reino en el que estaba como prisionero.

Ahora bien, tenía un problema. El rey Nabucodonosor le exigía que comiese una dieta que no estaba en línea con sus convicciones judías. ¿Qué podía hacer? Daniel 1.8 dice que «Daniel propuso en su corazón no contaminarse con la porción de la comida del rey, ni con el vino que él bebía». ¿Pero cómo rayos iba a *mantener* aquella resolución?

En vez de reaccionar emocionalmente y patalear porque las cosas no salían como él quería, Daniel apeló al oficial jefe, ofreciéndole una nueva idea que persuadió a los que tenían autoridad para ajustar su posición y dar cabida a sus deseos. Daniel hizo una *apelación sabia*, y eso cambió la situación. La herramienta práctica de la apelación sabia es algo que puede ayudar a los niños de todas las edades a saber cómo responder a una autoridad de un modo respetuoso y aun así persuasivo.

Cuando los niños no consiguen lo que quieren, a menudo reaccionan emocionalmente. Los padres deben mantenerse firmes, no solo para evitar una opción peligrosa para sus hijos, sino también para enseñarles la cualidad del carácter del contentamiento, estando felices con lo que tienen en vez de querer siempre más. Pero es necesario que haya una manera de que los niños apelen a los padres. Cuando los niños aprenden la apelación sabia, son capaces de usarla con autoridades tanto dentro como fuera del hogar. La idea viene de la Biblia.

La apelación sabia también se ilustra en la Escritura en las vidas de Ester y Nehemías, quienes tuvieron que acudir a una autoridad para presentarle una situación difícil. Nehemías habló con el rey y le propuso un plan. No fue simplemente quejándose de su problema o poniéndose desafiante. Buscó un modo de provocar un cambio. Su éxito vino, en parte, por el modo en que había hecho su petición (Nehemías 2.4–6).

La apelación sabia es una alternativa divina a la queja, el acoso y las discusiones, pero al mismo tiempo es importante que el niño sea también capaz de aceptar un no por respuesta. La apelación sabia no es simplemente otra herramienta manipuladora para conseguir que los padres cambien de opinión. A veces la respuesta seguirá siendo que no.

Cuando te tomes el tiempo de enseñar y practicar una apelación sabia en la vida familiar, ayudarás a tus hijos a desarrollar una herramienta que usarán también fuera de casa. Después de todo, la gente joven y la mayor se encuentran de forma regular en posiciones que requieren la apelación a una autoridad.

Este es el aspecto que tiene una apelación sabia y cómo puedes enseñársela a tus hijos, incluso a preescolares, y por supuesto en su adolescencia. Digamos que tu hijo quiere desafiar una decisión o tratar de darle la vuelta a la respuesta a una solicitud. Su apelación sabia puede ser más o menos así: 1) «Comprendo que tú quieres que yo...». 2) «Tengo un problema con eso porque...». 3) «Así que, ¿podría, por favor...?».

Fíjate en el enfoque en tres partes. La primera frase ayuda al niño a identificar las preocupaciones y las necesidades del padre. Cuando las mamás y los papás se sienten entendidos, es más probable que escuchen las alternativas, negocien o se comprometan. Es interesante cómo un comienzo respetuoso a una apelación sabia a menudo disuelve la resistencia del padre. Cuando un niño expresa la preocupación del padre de un modo que comunica comprensión, esa mamá o ese papá se siente alentado.

La segunda frase ayuda al padre a comprender el dilema del niño y la razón de la discusión. También ayuda a que el niño articule su cuestión en vez de quejarse por las cosas.

En la tercera frase el niño ofrece una solución creativa que aborda tanto la posición de la mamá o el papá como las preocupaciones del niño.

Le puedes decir a tu hijo de siete años: «Es hora de recoger la sala de juegos ya. Tenemos que ir a hacer recados». Si él estaba involucrado en su juego de trenes, puede responder: «Sé que quieres que recoja porque nos vamos; tengo un problema con eso porque acabo de montar la vía del tren. ¿Puedo dejar el tren fuera hasta que regresemos a casa para que pueda jugar con él después, por favor?».

Tan pronto como te das cuenta de que ha invertido tiempo en montar su juego de tren, puedes aceptar ajustar tu instrucción. Su idea te dice que está preparado para salir a hacer recados contigo pero que quiere jugar cuando regrese. Dejar el juego de tren fuera puede ser una alternativa perfectamente aceptable. De hecho, muchas apelaciones sabias revelan soluciones que son aceptables para los padres porque ellos ahora tienen más información. Un padre dijo: «Me gustan las apelaciones sabias porque a veces mi hija ofrece una solución que es mejor que la mía. Yo la habría sugerido primero si hubiera pensado en ello». La apelación sabia a menudo pone más información sobre la mesa y crea un buen compromiso.

Por otro lado, quizá sabes que más tarde vendrán con compañía y no puedes tener una vía de tren por todo el suelo de la sala de juegos, así que debes ceñirte a tu plan original. Un niño en esta situación necesita ser capaz de admitir un no por respuesta. Un niño que no puede aceptar un «no» sin pillar una rabieta no está preparado para usar la apelación sabia y deberá perderla como privilegio mientras practica la obediencia.

Quizá algunos niños traten de usar la apelación sabia de un modo manipulador o no sean lo bastante maduros para gestionarla. Puede que traten de usarla para evitar hacer del todo un trabajo. Eso es inaceptable. La apelación sabia da como resultado un contrato entre el padre y el hijo. Este contrato requiere confianza, y cuando un niño demuestra responsabilidad, después se gana el privilegio de más confianza. A veces es útil escribir la conclusión para que no haya discusiones acerca de lo que se ha decidido.

Los niños aprenden que la apelación sabia no es una fórmula mágica. No siempre consiguen lo que quieren, pero muchas veces funciona para provocar compromiso y cambiar la mente de la autoridad. Solo es una herramienta, pero una buena en manos de una persona deseosa de usarla de forma sabia.

Un chico apeló a su entrenador para que le permitiera jugar en la tercera base. El entrenador le dejó en el jardín durante el resto del partido, pero le colocó en la tercera base en el siguiente, en parte debido a la petición pero también porque el chico tuvo una buena actitud cuando no consiguió lo que quería en ese momento. Había aprendido la apelación sabia en casa y la había practicado durante años.

La apelación sabia les enseña a los niños que no tienen que ser víctimas en la vida. En vez de eso, pueden ser instrumentos para el cambio. A mucha gente no le gusta la posición en la que están y recurren a la queja. Otros buscan soluciones en la vida. La apelación sabia es una herramienta que puede ayudar a los niños a darse cuenta de que tienen recursos cuando las cosas no salen como les gustaría.

Si quieres que tu hijo sea un agente de cambio en el mundo o un pacificador, el hogar es un lugar excelente para aprender las herramientas necesarias y practicarlas. Una apelación sabia enseña a los niños cómo comprometerse, pensar en las necesidades de los demás, comunicar y negociar. Por desgracia, muchos niños no aprenden esas herramientas y se ven a sí mismos como víctimas bajo el control de los demás. La apelación sabia autoriza a los niños a hacerse cargo de su propia infelicidad y hacer algo al respecto.

Enseñando a los niños la apelación sabia, les enseñas una herramienta de los adultos que podrán usar para siempre.

32

Es importante tener un plan cuando corriges a los niños; de otro modo, puede que no seas eficaz en tu enfoque. Una cosa que puede mantenerte centrado en la dirección correcta es recordar...

USAR LA CORRECCIÓN PARA DESAFIAR EL CORAZÓN

—ME PREOCUPA MI HIJO, RICHARD —le dijo TINA A SU pastor—. Siempre que le disciplino se pone furioso, y cuando le impongo consecuencias no parece que cambie.

El pastor había visto el problema por sí mismo en la iglesia. Sabía de lo que Tina estaba hablando. Richard tenía trece años; parecía que durante años se había resentido frente a cualquier forma de corrección.

—Me parece que a tu hijo le falta un corazón arrepentido.

—Estoy de acuerdo —dijo Tina—. Pero le traigo a la iglesia todo el tiempo. No sé qué más hacer.

—El arrepentimiento es un cambio de corazón y viene con tiempo y práctica. Busquemos modos en los que podamos ajustar tu estrategia para provocar el cambio de corazón que Richard necesita.

El pastor compartió varias ideas y estrategias que Tina usó con su hijo. El cambio fue lento, aunque constante, y con el tiempo Richard hizo ajustes importantes en el modo en que respondía a la corrección. Aquí están algunas de las cosas que Tina aprendió.

Cuando la gente necesita cambiar sus maneras, la Biblia usa el término *arrepentimiento* para describir el proceso. (Mira, por ejemplo, Lucas 3.8, Hechos 20.21 y Romanos 2.4.) Aun así, usar palabras como *arrepentimiento* y *pecado* demasiado a menudo en la corrección con niños puede crear una visión de Dios desequilibrada y de su plan positivo para la vida. Ya sea que uses el término *arrepentimiento* o no, es bueno que comprendas lo que Dios dice de ello.

La palabra *arrepentirse* simplemente significa «cambiar de opinión» y se usa unas cien veces en la Biblia en sus varias formas. De estos versículos aprendemos que existen seis partes diferentes en el arrepentimiento, y todas ellas tienen implicaciones prácticas para la paternidad.

El primer paso en el arrepentimiento, por ejemplo, es tranquilizarse, dejar de pelear y estar dispuesto a enfrentar el problema. Jeremías 8.6 dice que una persona impenitente es como un caballo cargando en batalla. Puedes visualizar los orificios nasales ensanchados y el vaho saliendo por su boca. Esa imagen se puede parecer fácilmente a la de algunos niños cuando se les corrige. La solución es que necesitan tranquilizarse.

Por desgracia, algunos padres siguen adelante con la corrección mientras los niños están todavía disgustados. Sería mejor pedirle al niño que fuese a otra habitación o al pasillo para calmarse antes de continuar con el proceso de corrección. Los padres que aprovechan este primer paso del arrepentimiento ralentizan el proceso y disminuyen la intensidad, y así ven un cambio más significativo en sus hijos.

Los otros pasos en el arrepentimiento incluyen admitir que has hecho algo mal (ver 1 Reyes 8.47), conocido también como *confesión*; reconocer que debe haber un modo mejor (ver Mateo 3.8–10); y comprometerte a hacer lo correcto (ver Jeremías 34.14). Otros dos pasos del arrepentimiento implican más emoción. Sienten dolor por haberlo hecho mal (Jeremías 34.19), y tienen el deseo de hacer lo correcto (Romanos 7.14–15). Estos dos últimos pasos implican emociones y deseos que son el objetivo definitivo en el proceso de cambio. Sin embargo, solo porque no veas el remordimiento o un deseo de hacer lo correcto, eso no debería detenerte en la persecución del objetivo. Algunos niños necesitan corrección durante un largo periodo de tiempo para hacer los cambios necesarios en sus emociones.

Para avanzar en los elementos del arrepentimiento con Richard, a menudo era útil tener una conversación al final del tiempo de disciplina. Esa *conclusión positiva* revisa la ofensa, discute por qué estaba mal y ayuda a los niños a desarrollar un plan para la siguiente vez. Después de todo, el arrepentimiento conlleva confesión. Los padres que simplemente establecen una consecuencia y esperan que los niños hagan la conexión con su pobre pensamiento a menudo se desilusionan con el lento proceso del cambio. En el análisis posterior a la ofensa, es valioso que los niños admitan su parte del problema. Articular lo que estuvo mal es un paso importante hacia el cambio. A veces los niños no creen que hayan hecho nada mal. O creen que otra persona lo empezó, justificando su respuesta. Por supuesto, los niños son responsables de sus propias respuestas, ya sea que empezasen ellos o no. Una respuesta sarcástica o un puñetazo de vuelta no se puede excusar simplemente porque la otra persona lo haya instigado.

Un padre informó del éxito que había tenido con su hijo de este modo: «Solía tener una mentalidad de justicia. "Tú has hecho tal, te mereces tal". Incluso tenía una lista de consecuencias en el frigorífico por varias ofensas. Yo impartía las consecuencias, pero rara vez veía cambios significativos. No fue hasta que empecé a implementar estos pasos de arrepentimiento que comencé a ver realmente el cambio en nuestro hijo».

Después de la corrección, otros pasos —como la restitución, la reconciliación o la disculpa— a menudo son necesarios para restaurar la relación. Para evitar tener niños que dicen «Lo siento» sin sentirlo en sus corazones, animaremos a los niños a decir: «Me equivoqué en... ¿Me perdonas?». Esta afirmación no necesita una emoción, sino que es un acto de la voluntad. Un niño debe ser capaz de asumir la responsabilidad de una ofensa ya sea provocada o no. Por supuesto, si el niño realmente siente la ofensa, entonces «Lo siento» es en verdad el modo de comenzar la reconciliación.

Ten cuidado con disciplinar solo a uno de ellos cuando dos niños se están peleando. Normalmente ambos son culpables de algún modo. Tratar de averiguar quién empezó rara vez conduce a la paz. Las víctimas a menudo son los instigadores. Enseña a los niños a responder a las ofensas y, cuando cometan un error, enséñales a admitirlo y a pedir perdón.

Nuestro Padre Dios y Jesús usaban conclusiones positivas en su disciplina. Adán y Eva pecaron, y aunque Dios les impuso la consecuencia de abandonar el jardín, se tomó un tiempo con ellos, les hizo ropas con piel de animal y les dio esperanza para el futuro (Génesis 3.21). Después de la resurrección Jesús se encontró con Pedro y le preguntó tres veces: «¿Me amas?». Pedro necesitaba una conclusión positiva después de negar a Jesús tres veces. Cuando Pedro contestó que sí, Jesús afirmó el futuro venidero con las palabras: «Apacienta mis corderos» y «Pastorea mis ovejas» (Juan 21.15–17). Cuando David pecó con Betsabé, la consecuencia fue que su bebé murió. Poco después de eso, Betsabé se quedó embarazada de nuevo y el mismo profeta que había predicho la muerte de su primer hijo fue a David y le dijo del nuevo bebé: «Llámalo Jedidías», que significa «amado del Señor» (2 Samuel 12.24–25). Después de una ofensa, nuestros niños necesitan escuchar la misma clase de mensaje que Dios le dio a Adán y Eva y a David, y que Jesús le dio a Pedro: «Ya hemos lidiado con eso. Sigamos adelante. Tenemos trabajo que hacer». Ese enfoque positivo para disciplinar ayuda a los niños a experimentar libertad en sus conciencias, un regalo muy necesario cuando han pecado o han cometido un error.

Una teología del arrepentimiento es una parte necesaria de una filosofía bíblica de la paternidad. Es un medio poderoso de mirar la corrección de los hijos, dando como resultado un cambio más profundo y significativo. Los niños necesitan ajustar más cosas que su comportamiento. También necesitan cambiar sus corazones. Si adoptas estas sugerencias, los niños son forzados a través de un proceso. No puedes obligarlos a que cambien el corazón, pero puedes enseñar a los niños un modo de pensar en lo que han hecho mal, y llevarles por pasos predecibles para que sepan cómo son los pensamientos saludables y para que puedan procesar sus errores de un modo más divino.

Dios es un experto en cambiar el corazón, y nosotros debemos buscar su guía para esta delicada área. Orar con regularidad por corazones sensibles de parte de los niños puede hacer mucho para ayudarles a responder bien a la corrección.

Considerando la controversia acerca del castigo corporal y el
deseo de maximizar el cambio en los niños, especialmente
durante la corrección, es importante que decidas...

33

Dar nalgadas o no dar nalgadas

El tema de dar nalgadas crea controversia en muchos círculos de padres cristianos hoy en día. Aunque no esperamos tratar todos los aspectos que rodean a este tema, nos gustaría tratarlo y proporcionarte algunas ideas mientras desarrollas tu propia filosofía bíblica de la paternidad.

Hay dos bandos en la discusión acerca de dar nalgadas. Por un lado están los padres que creen que dar nalgadas es la bala de plata de la paternidad. Estos tipos creen que se necesita dar nalgadas si estás siguiendo la Biblia y criando a tu hijo de acuerdo a los principios de Dios. Por otro lado están aquellos que creen que dar nalgadas está mal y que da como resultado niños emocionalmente inestables con tendencias hacia la violencia. Estamos en desacuerdo con ambos extremos.

Primero, vayamos a la Biblia. Los que defienden dar nalgadas a menudo suelen dirigirse al libro de Proverbios, donde por cinco veces se refiere a usar la *vara* con los niños (13.24; 22.15; 23.13; 23.14; 29.15). Curiosamente, el término *vara* se utiliza tres veces para disciplinar a los adultos (10.13; 14.3; 26.3), pero no escuchas a la gente hablar mucho de esos versículos. Otro versículo útil para sacar en la discusión que en realidad sugiere que dar nalgadas puede que no sea lo mejor en ciertas circunstancias es Proverbios 17.10: «La reprensión aprovecha al entendido, más que cien azotes al necio».

Y, más importante, un estudio riguroso del libro de Proverbios revela unas noventa referencias a corregir sin dar nalgadas. Por ejemplo, la palabra *reprensión* se usa unas diez veces, *corregir* ocho veces, *disciplina* al menos cinco veces, y etcétera. Así pues, ¿qué conclusión sacamos de lo que dice la Biblia acerca de dar nalgadas? Podríamos definir la *vara* como un término general para la corrección, pero incluso aunque se refiera a dar nalgadas como un golpe físico en el trasero de un niño, queda claro en Proverbios que es una herramienta de la caja, pero no la única.

Por otro lado, algunos creen que los niños a los que se dan nalgadas en la infancia se vuelven más agresivos, violentos y discapacitados emocionalmente. Podríamos sugerir que esta idea es errónea, porque no considera otro factor: la ira de los padres. Nosotros creemos que dar nalgadas con ira parental es peligroso y contraproducente en el proceso de corrección. En esas situaciones la ira de los padres puede ser dañina para el niño y para la relación padre-hijo. Una línea de pensamiento más eficaz sería separar la ira de dar nalgadas y mirarlos como factores independientes, dando como resultado diferentes conclusiones acerca de dar nalgadas. No es el dar nalgadas lo que daña, sino que lo hace la ira normalmente asociada con él.

Encontramos que algunas situaciones garantizan la moderación de dar nalgadas. Primero, si el padre tiende a reaccionar con ira, sería mejor escoger de entre un sinfín de elecciones diferentes como consecuencias y no dar nalgadas. Segundo, si dar nalgadas no funciona. Es interesante notar que dar nalgadas no parece producir cambios en algunos niños, por multitud de diferentes razones. Tercero, si los niños no son tus hijos. Puede que te rías ante esta última razón, pero los padres que cuentan con dar nalgadas como su primera técnica disciplinaria se ven envueltos en situaciones difíciles cuando los vecinos están jugando en su casa y necesitan ser disciplinados. Una estrategia basada en el corazón para producir cambios en los hijos proporciona técnicas para tus propios hijos y para aquellos que puedan necesitar disciplina mientras están en tu casa o en tu clase.

Muchas familias adoptan o trabajan con niños del programa de acogida, como hice yo (Scott), y a menudo deben acceder a no dar nalgadas al niño bajo nuestro cuidado. Eso es sabio debido al trasfondo de algunos niños en esos programas, entendiendo que el abuso o los arrebatos de ira solían formar parte de la antigua vida de los niños, creando incomprensión acerca de dar nalgadas.

Es importante recordar que el objetivo de la disciplina es cambiar el corazón. A veces dar nalgadas es una herramienta rápida y eficaz para provocar ese cambio. Otras veces los padres simplemente dan nalgadas como una estrategia para modificar la conducta, pensando que están complaciendo a Dios porque dar nalgadas sale en la Biblia, cuando realmente se están perdiendo el corazón de Dios porque se están centrando solo en la conducta y no en el corazón.

Si se va a dar nalgadas, es más apropiado en los niños pequeños, porque se sabe que cuando los niños crecen los padres tienen más estrategias cognitivas para maximizar el cambio de corazón. El dar nalgadas debería reservarse para el desafío descarado por parte del niño y como último recurso, evitando la tentación de abusar de él. Como con cualquier consecuencia, el abuso debilita la eficacia.

Algunos aconsejan dar nalgadas con la mano para que el padre pueda sentir el dolor y así evite abusar. Otros creen que es mejor usar un objeto neutral como una pala o una cuchara de madera para dejar las manos para el amor y el afecto. Estos intentos de definir el dar nalgadas y su uso tratan más de las preferencias personales que los padres deben determinar por sí mismos. Lo que es importante, sin embargo, es que cualquier forma de corrección necesita hacerse en el contexto de una relación. Después de cualquier consecuencia, asegúrate de tener un tiempo de reporte para demostrar perdón y reconciliación.

Los padres deben decidir si dar nalgadas será una herramienta a su servicio. Si decides dar nalgadas, entonces querrás controlarlas y usarlas estratégicamente, centrándote en el cambio de corazón. Hoy en día hay muchas familias que dan nalgadas y otras que no. En ambos bandos hay familias que han criado a buenos hijos que aman al Señor y quieren seguirle y que están bien equilibrados emocionalmente. La cuestión tiene más que ver con el marco más amplio de la corrección y la enseñanza. Disciplinar trata de formar y equipar.

Ten en cuenta que el dar nalgadas solo es una herramienta. Usarlo o no depende de cierto número de factores en tu hogar que involucran a tus hijos y a ti como padre. Céntrate en el objetivo de cambiar el corazón, usa un enfoque multifacético para ayudar a tu hijo a cambiar, ora para que Dios te dé sabiduría para cada día y él te ayudará a saber si dar nalgadas es una herramienta útil en tu batería de consecuencias.

34

Es un privilegio tener entrenadores, profesores y otros líderes involucrados en la vida de tu hijo, pero ellos a menudo tienen diferentes enfoques. Incluso cuando lo hacen de forma diferente, asegúrate de...

Apoyar a otras autoridades que trabajan con tus hijos

«No me puedo creer que ese entrenador le esté gritando a mi hijo. ¡Voy a bajar ahí a decirle lo que pienso!». Todos podemos identificarnos con la frustración de ese padre que cree que a su hijo lo está maltratando un entrenador enfadado. Pero espera. ¿Puede un enfoque diferente ayudar mejor a un crecimiento duradero en este niño?

Según crecen los niños, tienen otros líderes y autoridades de influencia en sus vidas. Entrenadores, profesores, líderes de jóvenes y otros cuidadores les proporcionan a los niños fuentes alternativas de liderazgo. Muchos de esos líderes dirigen a los niños de un modo diferente a como tú lo harías. El entrenador puede usar un enfoque más duro, por ejemplo. El líder de jóvenes puede ser más relacional. Pero cada una de estas personas importantes deja una gran impresión en tu hijo.

Cuanto mayor se hace un niño, más importantes se vuelven los otros líderes. Los niños se benefician de diferentes estilos de liderazgo. También aprenden lecciones complementarias de los demás que les ayudan en su desarrollo. El desafío es encontrar líderes que enseñen tus valores y creencias en vez de aquellos que puedan socavar tu paternidad. Probablemente estés al acecho de las señales de peligro de que tus valores están siendo desafiados, pero a veces las alarmas saltan demasiado pronto simplemente cuando el estilo relacional es diferente o cuando un líder tiene un enfoque más firme o incluso más duro.

Considera este ejemplo. Colin tiene catorce años. Ha llegado tarde a clase varias veces y no está entregando sus deberes. Su padre diría: «Solamente es descuidado. Podría hacerlo mejor. Simplemente, no parece que le importe tanto como debería».

Después viene la oportunidad perdida. Colin llega tarde al entrenamiento de béisbol antes del partido, así que el entrenador no le deja empezar. De hecho, no le deja siquiera jugar hasta la última entrada. Le dice a Colin: «Te dije que tenías que llegar a tiempo. Has llegado tarde muchas veces. Si quieres jugar, tienes que estar aquí a la hora».

Colin no solo ha sido un poco vago. Tuvieron un problema con el coche, así que el papá decide tomar el asunto en sus manos. Le grita al entrenador por ser tan duro con su hijo. El papá comete un error estratégico defendiendo a su hijo en vez de usarlo como una oportunidad de enseñanza para Colin. Después de todo, si Colin se hubiera forjado la reputación de estar siempre a la hora en cada entrenamiento, el entrenador le habría concedido el beneficio de la duda. Además, llegar tarde es un problema real para Colin. Muchas veces Colin se retrasa y se justifica dando lo que él cree que es una buena razón.

Hubiera sido mejor usar el tiempo perdido del partido como una oportunidad de enseñarle a su hijo el valor de llegar a su hora y construirse una buena reputación entre los responsables. La misma verdad se podría aplicar también a la escuela y a los deberes.

A veces algunos líderes y autoridades necesitan corrección, o necesitan un consejo acerca de cómo trabajar con tu hijo. Sin embargo, para un momento antes de desafiar su liderazgo y socavar la autoridad de esa influencia en la vida de tu hijo. ¿Podrías hacer una elección más estratégica para obtener una experiencia de aprendizaje para tu hijo?

Puede que sea mejor hablar con el niño después, diciendo: «Parece como si el entrenador estuviera bastante disgustado porque no has llegado a tiempo. ¿De qué modo le puedes comunicar al entrenador que lo vas a trabajar y lo harás mejor la próxima vez?».

Una filosofía bíblica de la paternidad reconoce que existen otros líderes y autoridades estratégicos en la vida de tu hijo, y aunque a menudo se relacionan de modo diferente a como te gustaría, apoyarlos puede fortalecer tu trabajo en la vida de tu hijo. Si das un paso atrás y observas la situación un momento, esto es lo que verás: tu hijo tiene una debilidad. Esa debilidad se reveló en otro escenario, y un líder realizó una acción disciplinaria, quizá con un enfoque más duro que el que a ti te habría gustado. Sin embargo, de todos modos es disciplina. Tú, entonces, te ahorras la tarea de imponer una consecuencia. Ya lo han hecho por ti. En vez de eso, puedes actuar como consejero o guía. Qué gran oportunidad para ayudar a tu hijo a aprender, y tú no tienes que ser el malo.

Tus hijos necesitan ayuda para procesar cómo relacionarse mejor con otros líderes y autoridades en sus vidas. Después de todo, cuando tus hijos vayan creciendo probablemente tendrá jefes que les lideren de modo diferente a como lo haces tú. Ahora es un momento excelente para enseñar a los niños a relacionarse con varias clases de autoridades, incluso cuando el líder es duro.

Otros líderes en la vida de un niño puede que lo hagan de forma diferente, permitiéndote la oportunidad de enseñar a tus niños valiosas lecciones. La cara B de este principio también es verdad. A veces otros líderes o autoridades pueden enseñarle a tu hijo algo que tú no has sido capaz de comunicar con éxito.

Por ejemplo, un líder de jóvenes le da a tu hijo una visión del trabajo duro en la escuela porque las buenas notas le ayudarán a entrar en la universidad. Por supuesto, tú se lo has estado diciendo durante años, pero tu hijo no ha escuchado. De alguna manera, el líder de jóvenes hace la conexión.

Busca modos de poner a tus hijos bajo el liderazgo de otra persona para que les pase buenos valores y convicciones. Esa es una de las razones por la que muchos padres llevan a sus niños a clases de piano, los involucran en los grupos juveniles de la iglesia o les apuntan a grupos de scout.

Una mamá dijo: «A mi hijo le faltaba confianza y autocontrol. Así que cuando expresó interés en las artes marciales, me hizo mucha ilusión. Le apunté rápidamente. Los instructores eran firmes y le enseñaban a los niños respeto y autocontrol. Mi hijo se ha unido ahora al equipo de liderazgo y esta obteniendo más confianza en sí mismo según tiene que estar al frente del grupo dirigiendo ejercicios y actividades».

Los maestros de escuela tienen que lidiar con toda clase de padres. Algunos culpan a los profesores por los mediocres resultados de los niños. Otros critican a los profesores por ser demasiado duros. Asegúrate de que los maestros de tu hijo sepan que estás agradecido por su liderazgo y que les apoyas. Además, anímales para que lleven aparte a tu hijo y le ofrezcan palabras de consejo o corrección. Cuando los profesores saben que eres de apoyo, están más predispuestos a tomar la iniciativa y desvivirse por ayudar a tu hijo.

Cuando enseñas a tus niños a valorar a otros líderes y autoridades, les estás enseñando cómo aplicar un importante concepto de la Biblia. En 1 Pedro 2.13–14 dice: «Por causa del Señor someteos a toda institución humana, ya sea al rey, como a superior, ya a los gobernadores, como por él enviados para castigo de los malhechores y alabanza de los que hacen bien».

Una cualidad que los niños necesitan aprender en la vida es responder a la autoridad. Como padre, tú ya estás tratando de enseñar a tus hijos dándoles instrucciones con regularidad, haciéndolos responsables y proporcionando dirección. Los niños necesitan aprender a transferir esa cualidad también a otros líderes y autoridades. Puede que no sea fácil cuando un profesor guía de forma diferente a la que el niño está acostumbrado.

Otros líderes en la vida de un niño pueden realzar tu trabajo como padre, así que busca el modo de apoyarlos. Aprovecha las diferencias para enseñar a tus hijos acerca del liderazgo y la sumisión. Si los niños son capaces, haz que traten de evaluar diferentes estilos de liderazgo para animarles a aprender de una situación. ¿Qué hace bueno a un entrenador o eficaz a un profesor? Probablemente la respuesta a esa pregunta tiene que ver con los dones del liderazgo.

Cuando enseñas a los niños varios modos de apoyar a los líderes en sus vidas, les estás preparando para muchos desafíos que enfrentarán en el futuro. Las buenas respuestas al liderazgo comienzan ahora y tienen importantes ramificaciones para la vida de tu hijo.

Cómo orar por tus hijos

Tim ahora es adulto, pero él cuenta la historia de cuando tenía diez años y le pillaron robando un pequeño juguete en una tienda. Su padre tuvo que ir a la tienda a recogerle y a hablar con la policía. Cuando llegaron a casa, Tim había imaginado que su padre le gritaría y le encerraría. En vez de eso, le dijo a su hijo que fuera a su habitación, porque como padre necesitaba pasar algún tiempo orando. Después de cerca de media hora, el padre de Tim fue a su habitación y con calma le habló acerca de robar, de los malos amigos y de Dios. Cuando Tim mira atrás, ahora ve lo significativa que fue la respuesta de su padre a aquella crisis en su vida. Él dijo: «Siempre supe que mi padre oraba por mí. Ese conocimiento me acompañó todos mis años. Creo que es uno de los mayores regalos que me dio mi papá».

Es importante que los padres tengan el hábito de orar regularmente por sus hijos. No es solo que la oración cambie a tu hijo, sino que también te ayuda a ti como padre a alinearte con Dios y su plan. Con su fuerza será menos probable que estalles en ira, y tendrás más sabiduría para lidiar con los desafíos de la vida. Recuerda que Dios creó a tu hijo, así que lo conoce y lo ama más que tú. Dios te ha llamado a criar a este niño, y él puede darte las herramientas y la sabiduría que necesitas para hacer el trabajo.

Ora todos los días para que Dios te dé fuerza para mantener el control personal mientras trabajas con tu hijo. Un padre lo dijo así: «Me sentía tan frustrado con el egoísmo de mi hija que a menudo me enfadaba con ella. Me di cuenta de que mi respuesta no estaba ayudando, sino que, en vez de eso, estaba perjudicando la situación. Decidí comenzar a orar por mi hija cada mañana. Es impresionante lo que Dios hizo en mi corazón. Fui capaz de ser firme con ella y de mantener mi propia intensidad emocional bajo control».

Es tentador estallar en ira o ceder a la regañina constante. Ser padre requiere fuerza y perseverancia continuas. Dios proporciona recursos espirituales cuando los emocionales parecen escasear. Aprender a confiar en él y orar todos los días por fuerza y sabiduría harán mucho para capacitarte para enfrentar los desafíos de la paternidad.

También ora para que Dios cambie el corazón de tu hijo. Es importante tomar en cuenta que en ninguna parte de la Biblia dice que los padres cambien el corazón de los hijos. Leemos que la gente puede cambiar sus propios corazones. Dios lo llama *arrepentimiento*. También vemos que Dios cambia los corazones de la gente directamente. Ezequiel 36.26 revela esta promesa: «Os daré corazón nuevo, y pondré espíritu nuevo dentro de vosotros; y quitaré de vuestra carne el corazón de piedra, y os daré un corazón de carne». Esa es la oración que queremos tener por nuestros hijos todos los días.

Por supuesto, Dios usa a los padres como instrumentos para motivar a los hijos a cambiar sus corazones, así que tu oración será una que te permita acompañar a Dios directamente a la hora de cambiar el corazón de tu hijo.

También querrás orar por oportunidades de conexión relacional en el curso de tu día. Después de todo, gran parte de los asuntos de la vida familiar requieren que seas firme con tus hijos. Esa dureza a menudo desgasta la relación, así que los tiempos de conexión son importantes. Recuerda que los niños solo pueden admitir tanta presión como la relación permita. Pídele al Señor que provea momentos divertidos en el día o conversaciones importantes, o un momento en el que tú y tu hijo sean capaces de conectar de un modo profundo. Esos momentos son preciosos. A menudo llegan a la hora de dormir o cuando el niño necesita consuelo, o incluso en medio de la corrección. Ora para que Dios te dé esos momentos durante el día para fortalecer su relación.

También toma tiempo para pedirle a Dios que te provea de oportunidades para enseñar. A veces es un comentario amable o una idea creativa la que conecta con el corazón de un niño. Las oportunidades de enseñar a menudo llegan de repente como regalos del Señor. Así que tómate un tiempo para orar por perspectiva y sabiduría sobre cómo ser un mejor padre para tu hijo. Pide a Dios que prepare tu corazón para los momentos de enseñanza y que te haga sensible a ellos. Dios puede usar tu propio caminar con él para darte una idea, o puedes descubrir una verdad en un libro que estés leyendo, o en algún consejo que escuches. Permanece en la búsqueda de herramientas para la enseñanza. Simplemente, como cualquier buen profesor, siempre quieres buscar ideas y modos de provocar momentos de lucidez en los corazones de tus hijos. Dios los proporciona, así que no dudes en pedírselos.

«¡Mi vida de oración creció bien cuando mi hijo se convirtió en adolescente! —compartió una mamá—. Me di cuenta de lo vulnerable que era él y de lo poco que podía hacer yo. Comencé a orar fervientemente por su seguridad cuando estaba con amigos; oraba para que pudiera tomar decisiones sabias y que aprendiera a confiar en Dios por sí mismo. Yo incluso oraba para que si hacía algo malo, le pillaran. Aprendí a confiarle a Dios la vida y el corazón de mi hijo, y me di cuenta de que Dios lo ama más que yo». Criar a los hijos puede enseñarnos un montón de cosas acerca de la confianza en Dios.

La realidad es que ser padres es el trabajo más duro del mundo. Necesitamos toda la ayuda que podamos conseguir. Dios nos promete que podemos pedirle sabiduría y él nos la dará. Santiago 1.5 dice: «Y si alguno de vosotros tiene falta de sabiduría, pídala a Dios, el cual da a todos abundantemente y sin reproche, y le será dada».

La paternidad a menudo nos pone de rodillas. A veces pensamos que sabemos lo que estamos haciendo como padres, pero ese sentimiento de confianza no suele durar mucho. De hecho, nuestra debilidad como padres a menudo nos ofrece una mayor comprensión de nuestro Padre celestial, quien sabiamente proporciona guía, disciplina y fuerza en la justa medida para nosotros.

Durante tu tiempo de oración, toma un momento y agradécele a Dios su fidelidad hacia ti. Uno de los grandes regalos que tenemos es ser parte de la familia de Dios. Nosotros somos sus hijos si hemos confiado en Cristo como Salvador. Este es un asombroso privilegio del que disfrutamos. De hecho, querrás pedir regularmente que puedas ayudar a tus hijos a comprender la gracia de Dios del mismo modo. Cuando expresas a tus hijos la gratitud que sientes por el amor y la misericordia de Dios en tu vida, tu oración es que ellos vean la necesidad de buscar a Dios por sí mismos y desarrollar una relación personal con él.

Cuando la vida familiar se vuelve difícil y tú te sientes estresado por los desafíos del día, recuerda acudir al Señor por fuerza. Puede que incluso quieras repasar el «Salmo 911» en la Biblia. Salmos 91.1–2 dice: «El que habita al abrigo del Altísimo morará bajo la sombra del Omnipotente. Diré yo a Jehová: Esperanza mía, y castillo mío; mi Dios, en quien confiaré». Todos necesitamos descanso y fortaleza en ocasiones. Dios es nuestra fuerza. La oración es el vehículo que Dios diseñó para transportar tu corazón a su presencia. Úsala a menudo y serás un mejor padre por ello.

36

Los niños pueden desarrollar tendencias hacia las respuestas furiosas cuando no se sienten complacidos con las situaciones de la vida. No es sabio ignorar el problema, mejor reconocer que...

Un problema de ira en un niño precisa atención

«¡Aagh!».

La mamá se dio cuenta de lo que estaba a punto de pasar y se acercó al cuarto de juegos para ver con qué estaba frustrado ahora su hijo. Ella entró por la puerta justo a tiempo para ver el juguete volando por la habitación. No había nadie más alrededor. Jake tenía un problema con la ira, y cuando se disgustaba podía perder el control, a menudo lanzando cosas, golpeando o gritando a cualquiera que estuviera cerca. ¿Te suena familiar? Si es así, querrás ayudar a los niños a ver la ira como energía y a desarrollar un plan para manejarla.

Los niños que se frustran con un rompecabezas o que discuten con un amigo necesitan aprender a lidiar con la energía que se crea en su interior antes de que explote. Los niños pueden calmar las cosas dentro de sus corazones antes de la erupción, y tú como el padre puedes enseñarles a hacerlo. Un plan para la gestión de la ira necesita varios componentes, y un paso esencial es enseñarles a los niños a parar cuando sus emociones les estén diciendo que sigan adelante.

La ira puede motivar a los niños, al igual que a los adultos, a actuar y a decir o hacer cosas de las que se arrepientan después. Muchos niños, sin embargo, tienen más emoción de la que son capaces de manejar con facilidad. Por eso necesitan una cualidad del corazón esencial que Dios llama *autocontrol*. Proverbios 29.11 dice: «El necio da rienda suelta a toda su ira, mas el sabio al fin la sosiega».

Antes de seguir adelante, asegúrate de leer este versículo de nuevo. Después de todo, existe mucho pensamiento contemporáneo ahí fuera que anima a la gente a descargar o a soltar su ira para recobrar el control emocional. Eso no es lo que Biblia enseña. Más bien, la solución es desarrollar una filosofía bíblica de la paternidad que vea la emoción bajo una luz positiva a la vez que alienta el autocontrol para mantenerla controlada. Por favor, no pienses que esto significa reprimir la ira o someterla por la fuerza para que salga después en forma de venganza. El autocontrol simplemente significa gestionar la energía que la ira proporciona de un modo que sea productivo. Los niños pueden aprender a hacerlo, pero lleva entrenamiento y un montón de la gracia de Dios. Para ayudar a tu familia a desarrollar más control de la ira es mejor usar una técnica de «Stop» que ralentice las cosas en vez de permitir que escalen.

Ryan es bastante emocional. Cuando no se sale con la suya, reacciona con ira. Su papá y su mamá están usando cierto número de estrategias para ayudar a su hijo, pero una parece tener un impacto significativo. «Hablamos de que la ira es energía. Le dijimos a Ryan que la energía podía usarse para el bien o para el mal, y que necesitaba frenar en vez de acelerar parar pensar bien cómo usarlo mejor. Él decidió que cuando se pusiera furioso, o se sentaría o caminaría. Funcionó, y le animamos a continuar usando esa nueva estrategia».

Quizá quieras usar imágenes de señales de stop para ilustrarles esto a tus hijos. El tamaño de la señal de stop para un niño depende de la intensidad de la ira. Los niños que están muy disgustados necesitan una señal más grande para manejar el desafío, pero los niños deben aprender a manejar también las pequeñas frustraciones de la vida. A veces todo lo que se necesita es una pequeña señal de stop, simplemente respirando hondo, enzarzándose en otra actividad o dejando la situación. El niño necesita tomar tiempo para reconocer que la frustración se está desarrollando y que la ira está presente.

Con los niños pequeños visualizar tres señales de stop de diferentes tamaños puede ilustrar tu propósito. La pequeña simplemente es respirar hondo un poco. La mediana también incluye caminar un poco para permitir que la emoción se asiente. La más grande es un parón definido de la situación, y el niño necesita sentarse en otra habitación o alejarse de la situación, con el objetivo de calmarse.

El parar ayuda, ya sea que el niño esté empezando a frustrarse o que ya esté furioso. Este paso es especialmente importante para el niño enrabietado. La rabia es ira que te controla sin importar lo bien que la disimules. El modo principal de identificar a los niños que están enrabietados es que ya no pueden pensar racionalmente y su ira ahora les está controlando. Han perdido el control.

La solución a la rabia siempre es parar. Cuando un niño se enrabieta, puedes decir: «Estás demasiado furioso para hablar de esto ahora. Quédate solo un rato. Vuelve cuando puedas decirme con calma por qué estás enfadado y continuaremos hablando».

Aquí está el desafío. Los niños que tienen un problema de ira no quieren parar. Quieren seguir adelante, mostrando su disgusto, determinados a conseguir lo que quieren, y a veces incluso manipulan con su ira para controlar la situación. Parar no parece natural, y los niños, que carecen de autocontrol, entran en episodios de ira de varias magnitudes.

Hagas lo que hagas, no entres en la batalla con tus hijos. Cuando están furiosos, los niños buscan modos de arrastrarte a la pelea. Evítalo. No es productivo y en ocasiones hace escalar el problema. En vez de eso, aprende a parar y enséñales a tus hijos a hacer lo mismo. Ralentizando el proceso tú obtienes mayor capacidad de interactuar con tus hijos sin las complicaciones que interpone la ira. Si eliges luchar con intensidad emocional, entonces el problema ya no será problema del corazón del niño. Ahora es un problema de gestión de conflictos entre dos personas furiosas.

Un buen plan de gestión de la ira busca disminuir tres cosas: la intensidad de la emoción que experimenta un niño, la frecuencia de los episodios de ira y la extensión del tiempo de recuperación. Cuando los padres y los niños trabajan en un plan de ira, los niños desarrollan más autocontrol. Aquí tienes algunas directrices para gestionar la ira en el hogar. Haz de ellas una parte regular de tu rutina y verás importantes progresos.

1. Nunca discutas con niños furiosos. Haz que tomen un descanso y continúa la conversación más adelante.
2. Identifica los indicios de ira que revelan que tu niño está a punto de perder el control. Señálalos pronto y detén la interacción. No esperes a que explote para intervenir.

3. Ayuda a los niños a reconocer la ira con sus distintos disfraces, como la mala actitud, las quejas, las malas miradas o un tono de voz duro.

4. Haz un análisis después de que el niño se haya calmado. Habla acerca de cómo manejar la situación de forma diferente la próxima vez. Quizá quieras incluso practicar un modo mejor de llevarlo.

5. Enseña a los niños respuestas constructivas. Podrían pedir ayuda, hablar de ello, o ir a dar una vuelta. Esa clase de sugerencias ayudan a los niños a tener un plan para lo que deben hacer, no solo para lo que no deben.

6. Cuando las palabras o las acciones furiosas hieren a otros, los individuos deben disculparse y pedir perdón.

Haciendo estas cosas le enseñas a los niños a hacer lo que dice Colosenses 3.8: «Pero ahora dejad también vosotros todas estas cosas: ira, enojo, malicia, blasfemia, palabras deshonestas de vuestra boca». Lleva trabajo desarrollar el control emocional, y la familia a menudo es el laboratorio para que tome lugar ese crecimiento.

Recuerda que la ira del niño es el problema del niño. Miriam tenía quince años cuando finalmente consiguió controlar lo de la ira. Cuando le preguntas cuál es el secreto, ella dice: «Creo que al final me di cuenta de que era mi problema. Solía ver mi ira como el problema de los demás, y que si ellos cambiaban yo no me pondría furiosa. Cuando caí en la cuenta de esto, fue liberador, porque entonces tuve más control sobre la solución».

El control de la ira es una importante herramienta que deben aprender los niños, y no hay mejor momento que ahora. Implementar una interrupción adecuada en respuesta a las emociones crecientes ayuda a los niños a recuperar el control y a mantener el problema en perspectiva.

Muchos adultos no saben cómo lidiar con la intensidad cada vez mayor y siguen adelante en vez de dar marcha atrás. La inclinación natural cuando alguien está enfadado es la escalada de las emociones, pero la mejor solución es bajar la intensidad antes de avanzar. Los padres que requieren esta clase de proceso conseguirán mucho más cuando ayuden a sus hijos a lidiar con la ira.

37

Cuando los niños no consiguen lo que quieren, pueden quejarse y hacerle la vida miserable a los que le rodean. Si eso es así...

Enseña a los niños a ser solucionadores en vez de quejicas

Johnny es un quejica. Entra en la cocina y le dice a su mamá: «Mamá... tengo hambre», con esa voz quejica que suena como arrastrar las uñas por una pizarra. En cuanto se gira, la mamá escucha las quejas de Johnny. ¿Qué debe hacer una madre? El problema es más grande que solo una voz quejumbrosa. Es un modo de ver la vida y los problemas. Trabajar en las quejas de la vida de un niño es una parte importante de tu filosofía bíblica de la paternidad, porque ayuda a los niños a enfrentar los problemas desde una perspectiva divina.

Los problemas ofrecen grandes oportunidades para enseñar a los niños a enfrentar los desafíos de la vida. Hay dos clases de personas en el mundo: los solucionadores y los quejicas. Los quejicas se quejan de la vida, se sienten como víctimas y creen que los demás son la causa de sus problemas. Si los demás cambiasen, entonces ellos serían felices. Hasta entonces, simplemente se quejan de la vida.

Los solucionadores, por otro lado, buscan soluciones, reconocen que pueden impactar a los demás y se sienten capacitados para cambiar la vida. Si no pueden resolver un problema por sí mismos, saben dónde ir para conseguir soluciones.

Ayudar a los niños a pasar de ser quejicas a ser solucionadores empieza en el modo en que hablan de los problemas o en que se los presentan a los padres. Las mismas palabras que usan son importantes. Cuando Johnny entra en la cocina y dice: «Tengo hambre», prueba a decir: «Johnny, eso es centrarse en el problema. Dime la solución».

La respuesta de Johnny puede ser: «Mamá, ¿podría comer algo, por favor?». Eso es usar las palabras para centrarse en la solución. No esperes a la voz aflautada que indica un corazón quejumbroso. Busca palabras clave y serás capaz de provocar el cambio con más rapidez y eficacia.

Cuando Lori grita: «¡No puedo encontrar mis botas!», eso es centrarse en el problema. Sería mejor decir: «Papá, ¿podrías ayudarme a buscar mis botas?».

Puede que pienses que se trata solo de semántica. Pero las palabras que un niño usa para presentarles un problema a sus padres pueden marcar toda la diferencia en el modo en que se ven a sí mismos y al mundo. Quejarse a menudo es un signo de mentalidad victimista. Los niños que creen que son víctimas a menudo se enfadan y son rencorosos porque todos los demás son la causa de sus problemas. Ellos no creen que puedan cambiar nada, así que solo se quejan.

Expresar miseria a los demás puede atraer simpatía, pero rara vez trae cambio. Además, si las quejas funcionan y ocurre el cambio, eso consolida aun más el pensamiento erróneo en la mente de un niño. «Si me quejo lo suficiente, otro vendrá a cambiar la situación y después me sentiré mejor».

Ten cuidado de no resolver los problemas que un niño quejica demasiado rápido. En vez de eso, anímale a tomar la iniciativa para resolverlo. Puede que la situación te incluya, pero eso conlleva que el niño tome parte también en la respuesta.

Elizabeth, de doce años, a menudo se quejaba de que no tenía la ropa que le gustaba llevar. Su mamá tenía el hábito de ayudarla a encontrar algo, pero gran parte del tiempo Elizabeth aun así se sentía infeliz por la elección. Su mamá se dio cuenta de que la hija había desarrollado una actitud en la que la ropa era el problema que mamá tenía que resolver, así que decidió hacer algunos cambios.

La mamá llevó a Elizabeth de compras y se llevaron un par de vestidos nuevos. Entonces ayudó a Elizabeth a organizar su armario y sus cajones quitando mucha de la ropa que ya no le cabía o no le gustaba. Después, la mamá le enseñó a Elizabeth a poner la lavadora y la ayudó con las primeras cargas. La mamá le explicó a Elizabeth que ahora tenía doce años y podía arreglar su ropa por sí misma. La mamá también se posicionó en contra de las quejas de Elizabeth.

Con esos pasos la mamá le dio poder a su hija para ser una soluciona-
dora cuando se trataba de su ropa. Ahora Elizabeth no podía culpar a nadie
por no tener ropa limpia. Cuando lo hizo, la mamá le dijo que no podía
jugar con la computadora o salir con sus amigos hasta que lavase su ropa.
Funcionó. Elizabeth aun así se sentía infeliz algunas veces con sus opciones
de ropa, pero ahora sabía que era la única que podía arreglarlo.

Algunos padres tienen una tolerancia muy baja a la frustración, especialmente cuando ven esa tensión en su hijo. Estos padres, en un intento de
aliviar el dolor, intervienen y rescatan a su hijo. Recuerda que la frustración
puede ser un gran maestro y proporciona motivación interna para encontrar una solución. Cuando los padres resuelven demasiados problemas, los
niños empiezan a confiar en las soluciones parentales porque es lo más
fácil. Cuando las mamás y los papás exigen a los niños que trabajen duro
para resolver sus problemas, los niños desarrollan una gran confianza para
manejar los desafíos de la vida.

Sammy, el hijo de Brian, a menudo quería un vaso de zumo del frigorífico. Como Sammy solo tiene cuatro años, a Brian no le parecía que
pudiera resolver el problema por sí mismo. Por desgracia, Sammy se quejaba a menudo para pedir la bebida. Brian tuvo una idea. Le compró una
pequeña jarra con tapa en la que cabían un par de vasos de zumo. Después
le enseñó a Sammy cómo usar la puerta del lavavajillas como mesa y sirvió
el zumo en su taza de plástico. Las salpicaduras no eran problema porque
cuando Sammy terminaba, cerraba la puerta del lavavajillas y ponía la jarra
de nuevo en el frigorífico. Brian había dado poder a su hijo para ser un
solucionador en vez de un quejica.

Filipenses 2.14 habla acerca de tener una buena actitud con las tareas
cuando dice: «Haced todo sin murmuraciones y contiendas». Ese es un gran
consejo para la familia. Lo divertido de los niños que son solucionadores de
problemas es que buscan modos de ayudar a los que tienen problemas. Max,
de nueve años, solía quejarse un montón, pero después de trabajar bastante en
esa área, sus padres vieron grandes cambios. La verdadera recompensa para
ellos fue cuando Max, que tenía un amigo que se estaba quejando, le miró y
le dijo: «¿Por qué te quejas tanto? ¿Por qué no haces algo para arreglarlo?».

La mamá sonrió cuando escuchó a su hijo. Se había olvidado de lo
mucho que él solía quejarse. Le animó escuchar a Max teniendo una visión

LOS NIÑOS NECESITAN APRENDER A TRABAJAR DURO

UNA MAMÁ NOS CONTÓ ESTA HISTORIA: «ENTRÉ EN EL salón, donde mis hijos estaban mirando la televisión, y dije con voz alegre: "Eh, niños. Es sábado por la mañana y hoy tenemos trabajo por hacer antes de jugar". ¡Parecía que alguien hubiese anunciado el fin del mundo! La idea de trabajo fue recibida con quejidos y gemidos y todo tipo de negatividad. ¿Por qué mis hijos no pueden hacer ni la más pequeña tarea sin quejarse a cada paso?».

Si eso te suena familiar, puede que necesites empezar cambiando lo que tus hijos creen. La mayoría de los niños creen que su descripción de tareas en la vida es divertirse. Las instrucciones parentales son una interrupción de sus vidas, las tareas son un incordio y el trabajo es algo que hay que evitar a toda costa. Los padres a menudo contribuyen a este error de pensamiento exigiendo poco de sus hijos y animándolos a jugar y a divertirse. De hecho, ¿te has dado cuenta de que algunos padres les dicen «Pásatelo bien» a sus hijos cuando estos salen por la puerta? ¿Por qué les dicen eso? ¿Es divertirse la meta suprema de la infancia? Además, muchos de esos padres evalúan cómo le ha ido el día a su niño preguntando: «¿Te divertiste?». No es de extrañar que los niños crean que esa es su misión en la vida.

El problema con ese tipo de razonamiento es que los niños, entonces, se resisten a cualquier cosa que parezca trabajo. Ciertamente divertirse es algo beneficioso tanto para los adultos como para los niños, pero también tienen que aprender a trabajar duro en la vida. Algunos padres tienen una filosofía de la paternidad que duda en imponer trabajo sobre sus hijos por temor a robarles su infancia o a obstaculizar su crecimiento emocional haciéndolos infelices.

Sin embargo, el trabajo tiene muchos beneficios, y los niños deberían aprender a equilibrar el trabajo y el juego a una edad temprana. El trabajo les enseña habilidades, les proporciona un sentido del deber y les estimula las cualidades del carácter como la iniciativa, la perseverancia y la respuesta a la autoridad.

Los niños que no saben cómo trabajar duro desarrollan diversas debilidades de carácter. Danny, de once años, es exigente y siempre espera que su madre le sirva. Marissa, de seis años, es perezosa y trata de zafarse de las tareas más simples. De hecho, su papá dice que invierte más energía pensando en cómo evitar el trabajo que lo que tardaría en hacerlo en primer lugar.

Connie tiene dieciséis años y tiene un problema con la mentira. El papá y la mamá han intentado muchas cosas para ayudar a su hija a ser más honesta. Después de asistir a uno de nuestros seminarios, se dieron cuenta de que uno de los problemas de Connie era que no sabía trabajar duro.

Mentir siempre es un atajo. Es un modo rápido de evitar un castigo, una forma fácil de quedar bien o una manera veloz de excusar un trabajo a medias. Los niños que tienen un problema con la mentira necesitan un enfoque multifacético para desarrollar la honestidad y la integridad, y uno de los componentes es aprender a trabajar duro.

Cuando la gente ignora la señal de «No pisar el césped» y atajan por la hierba, renuncian a su integridad para llegar a su destino más rápido. En vez de tomar el camino más largo de la acera, esa persona valora sus propósitos más que el césped, así que no le importa pisotearlo. Lo mismo sucede con la mentira. El niño que miente valora tanto sus propios deseos que pisotea su conciencia.

El libro de Proverbios habla sobre el valor del trabajo duro. Proverbios 14.23 dice: «En toda labor hay fruto; mas las vanas palabras de los labios empobrecen». Y en Proverbios 6.6 leemos: «Ve a la hormiga, oh perezoso, ira sus caminos, y sé sabio».

El trabajo duro construye el carácter. Aunque puede que te resulte más fácil hacer tú mismo las tareas de la casa, es un buen entrenamiento para los niños tomar parte en ellas. Esto a menudo requiere un poco de energía parental adicional para asignar, gestionar y revisar a los niños, pero ese esfuerzo que haces como padre puede traducirse en pequeños pedazos de carácter en un niño.

Los niños pequeños pueden vaciar el lavavajillas, recoger la casa, pasar el aspirador y ayudar a doblar la ropa. Los niños de primaria pueden poner la mesa, lavar los platos, limpiar el baño y fregar el suelo. Los mayores pueden manejar más responsabilidad, como cortar el césped, preparar la comida o cuidar de un niño mas pequeño.

Un papá contó que quería que su hija de trece años aprendiera a trabajar duro. Cuando ella pidió aprender a montar a caballo, él le dijo: «Lo siento. No podemos permitirnos lecciones de equitación, pero si quieres podemos hacer un intercambio. Quiero reconstruir la acera alrededor de la casa y tengo que romper el cemento con una almádena y apilarlo, sacar la tierra y hacer un molde. Si estás dispuesta a hacer eso, de forma que no tenga que pagarle dinero a otra persona para que lo haga, entonces te pagaré esas lecciones de equitación este verano».

«¡Oh, haré cualquier cosa para conseguir esas clases de equitación!», dijo la niña entusiasmada. Y se pusieron a trabajar.

En un momento determinado ella se quejó porque hacía demasiado calor. Papá dijo: «Somos la familia Carlson. Trabajamos incluso cuando hace calor. Venga, saldré fuera y trabajaré contigo». Así que papá se puso a trabajar con su hija bajo el ardiente sol.

Otro día ella dijo: «Pero papá, está lloviendo». Y el papá contestó: «Somos la familia Carlson. Podemos trabajar aunque esté lloviendo. Venga, trabajaré contigo». Y trabajaron juntos bajo la lluvia.

El papá estaba tratando de enseñarle una lección importante a su hija: que el trabajo duro supera los obstáculos y no busca excusas. También quería que ella viera que el trabajo duro da sus frutos. Su hija disfrutó de sus lecciones de equitación ese verano, pero más importante fue que empezó a creer que podía trabajar duro y completar una tarea difícil.

Después de años de entrenamiento, el papá informó de que su hija estaba orgullosa de su capacidad de trabajar duro. Muchos de sus amigos se rindieron con rapidez, o ni siquiera empezaban una tarea difícil, pero su hija sabía que podía trabajar duro y que ese trabajo a menudo le reportaba más que a aquellos que no tenían la misma capacidad de perseverar.

JUSTO NO SIGNIFICA IGUAL

—¡ESO NO ES JUSTO!

—¿Y qué hay de él?

Estas palabras son comunes en familias con más de un hijo. La competencia procede de la comparación, y a menudo crea tensión en las relaciones entre hermanos y hermanas en su intento de pisotearse para ser los primeros o los mejores.

La comparación entre hermanos con frecuencia surge de la creencia equivocada de que justo significa igual. «Si mi hermano pequeño obtiene un privilegio, entonces yo también debería obtener uno». O: «Cuando yo era más pequeño, eras más duro conmigo de lo que eres con mi hermana pequeña». Los niños tienen que aprender un factor importante sobre la vida, y los padres suelen tener oportunidades para enseñárselo. Justo no significa igual. De hecho, la igualdad a menudo se convierte en la enemiga de la ecuanimidad.

La ecuanimidad trata a todos los niños según sus necesidades individuales, que no suelen ser las mismas. Cada niño necesita cosas distintas de los padres para sentirse amado y crecer hacia la madurez. Los niños tienen diferentes fortalezas y debilidades. Enfócate en tus hijos como individuos, y provéeles de acuerdo a sus necesidades.

A veces los padres contribuyen a la competencia y la comparación de sus hijos cuando intentan tratarlos por igual. Si William consigue unos zapatos nuevos, también compramos zapatos para su hermana. Si ella obtiene rotuladores nuevos, también se los compramos a William. Los niños pronto captan la idea y usan las injusticias de la vida para tratar de conseguir lo que quieren. Una característica importante de una buena filosofía bíblica de la paternidad es la capacidad de minimizar la competencia y la comparación tratando a los hijos de forma única en vez de igual.

No lleva mucho tiempo darse cuenta de que razonablemente no puedes tratar a tus hijos del mismo modo. Debes tratarlos de forma diferente porque tienen necesidades, fortalezas y personalidades únicas. Es posible que un niño pequeño se vaya a la cama más tarde que su hermano mayor porque aún hace siestas y no necesita irse a dormir tan pronto. Eso no es injusto. Es tratar a los niños según sus necesidades.

Cuando los niños se comparan entre sí, dicen que quieren igualdad, pero eso no es del todo cierto. Lo que cada uno desea en realidad es sentirse especial. Cuando les tratas de forma única y te centras en cada uno de forma independiente, te sorprenderá lo mucho que decrecen en tu familia la competencia y la comparación.

De hecho, si tienes problemas con la comparación y la competencia con tus hijos, puede que quieras enfatizar su individualidad. De forma intencional, dales distintos privilegios, tareas y responsabilidades. Evita agrupar a los niños diciendo cosas como «Niños, es hora de comer», o «Chicos, entren en el coche». En cambio, usa el nombre de cada persona y da instrucciones separadas. «Tori, por favor, lávate las manos y ven a cenar». «Andre, por favor, ayúdame a terminar de poner la mesa».

Enséñales a tus hijos que no intentas tratarles del mismo modo. Si un hermano ve que su hermana recibe una recompensa y él también quiere una, puedes decir: «Tu hermana está trabajando en algo en su vida, y la recompensa es por su progreso y esfuerzo. Si quieres trabajar en una cualidad del carácter en tu vida, házmelo saber, y también pensaré en una recompensa para ti».

Después de todo, Dios no nos trata a todos igual. Esa verdad se cuenta en la parábola de los talentos en Mateo 25.14–30. Un hombre recibió cinco, otro dos, y él último uno. No hay lugar para la comparación. Esa es la elección de Dios, y él nos conoce mejor que nosotros mismos. Así pues, él nos da exactamente lo que necesitamos. Lo mismo sucede con los dones espirituales. Él les da a las personas dones diferentes. Él nos ama, y por eso nos trata de forma única.

Juan 21.15–23 contiene una fascinante historia sobre los discípulos que puede aplicarse al conflicto entre hermanos. Jesús le está diciendo a Pedro cómo va a morir. Pedro se gira y mira a otro discípulo y dice: «¿Y qué de este?». Jesús responde: «¿Qué a ti? Sígueme tú». En esencia Jesús estaba diciendo: «Yo trato a cada persona de forma única. Preocúpate de ti mismo». Esa es una gran lección para aplicar a nuestras familias. Trata a los niños de forma única en vez de intentar tratarlos a todos por igual.

Otro error de pensamiento que tiene que ver con la comparación es evidente cuando un niño declara «Todo el mundo lo hace» para manipularte para que accedas a su demanda. En realidad, esto dice: «Si todos mis amigos son capaces de hacer algo, sería injusto para mí no poder hacerlo». Los niños necesitan aprender que las otras familias viven la vida de forma distinta que la suya. Aquí hay algunas reflexiones que puedes compartir con tus hijos en estos momentos.

Primero: a veces los niños creen que el comportamiento adecuado viene determinado por la cultura. Más bien, las normas que estableces se basan en los valores que defiendes. Familias distintas tiene valores distintos, así que como padres tenemos que decidir qué valores y convicciones vamos a usar para determinar las normas y las expectativas para nuestra propia familia.

Segundo: *no* todo el mundo lo hace. Hay muchas familias que establecen pautas similares o incluso más estrictas que las tuyas. Los niños tienden a encontrar familias más permisivas con las que compararse, para así poder pedir más.

Tercero: reconoce que esta afirmación es una técnica manipulativa. Te hace sentir que estás privando a tus hijos de algo. La crianza es un trabajo duro, y demasiados padres no están dispuestos a defender lo que está bien y los valores que son íntegros y saludables.

No dejes que tus hijos te manipulen diciendo «Eso no es justo». Más bien usa la oportunidad para enseñarles que estás tomando decisiones para cada uno de forma individual basándote en lo que crees que es mejor.

40

*Una de las lecciones más importantes que los niños
pueden aprender en la vida es que...*

LA CORRECCIÓN ES VALIOSA

«DE TODAS MIS TAREAS COMO MADRE, LA QUE ENCUENTRO
más difícil es la corrección. Además, no parece que sea productiva. No es
que no corrija. Tengo que corregir a mis hijos varias veces al día. El problema
es que siempre me lo ponen difícil. Sé que eso parece una exageración, pero
es la verdad. A ellos no les gusta más que a mí. Me gustaría que existiera
un modo de criar a los hijos sin tener que corregirlos». La honestidad de esa
mamá nos resulta familiar a muchos.

Corregir a los niños puede ser exasperante. Parte del problema sucede
cuando los niños responden de forma mediocre. No aprecian tus sugerencias o consejos. En cambio, se ponen a la defensiva, dan excusas, culpan
a otros o incluso se culpan ellos mismos. Esta resistencia provoca que los
niños se pierdan los beneficios de la corrección. Por supuesto, no es solo un
problema de los niños. Muchos adultos responden de forma pobre cuando
un compañero les ofrece una crítica constructiva o un jefe les demanda un
cambio.

Puesto que la corrección es una parte regular de tu trabajo con los
hijos, es importante desarrollar algunas formas de pensar en ella a la vez
que desarrollas tu filosofía bíblica de la paternidad. La corrección tiene un
buen número de beneficios. Algunas personas tienen que aprender lecciones dolorosas mediante la experiencia antes de cambiar, mientras que otras
responden bastante bien a la represión o la crítica. La corrección es una de
las herramientas para aprender en la vida. Puede que quieras involucrar a
tus hijos en un diálogo útil haciéndoles esta pregunta: «¿Puedes enumerar
de cuántas maneras aprende la gente?». Por ejemplo, de un maestro o de

un libro. Permite que enumeren tantas como sean capaces, y después di: «Puedo nombrar una en la que no han pensado». Entonces revela tu respuesta. «Las personas aprenden cosas mediante la corrección». Cuanto antes un niño aprecie la corrección, más rápido madurará.

Una actividad divertida que puedes hacer con tus hijos para ilustrar el valor de la corrección es presentarte en la cocina con un trozo de papel higiénico de un metro colgado en la parte posterior del cuello de tu camisa. No pasará mucho antes de que tu hijo se dé cuenta y haga algún comentario. Reacciona a la defensiva diciendo algo así: «¿Por qué siempre te metes conmigo? No necesito que me critiquen. No hay nada malo en el modo en que visto».

Incita su curiosidad acercándote o dando vueltas a su alrededor. Cuando tu hijo te persiga para agarrar el papel, corre, diciendo algo como: «No hice nada malo. No es mi culpa. La gente siempre se mete conmigo y me culpa de todo».

Por supuesto, cuando todo termine, toma un tiempo para hablar acerca de la importancia de la corrección en la vida. De hecho, podrías leer Proverbios 12.1: «El que ama la instrucción ama la sabiduría; mas el que aborrece la reprensión es ignorante». (No usamos la palabra *ignorante* en nuestra casa, pero es interesante que Salomón la usara en este versículo.) ¿Acaso ese versículo dice que la persona que es corregida es ignorante? No. Dice que la persona que aborrece la corrección es una ignorante. ¿Por qué crees que dice eso? Tal vez signifique que la persona que no quiere ser corregida parecerá estúpida porque sigue haciendo lo incorrecto y no cambia.

Los niños necesitan la visión de los beneficios de la corrección. Habla con tus hijos acerca de lo que has aprendido cuando otros te han corregido. Invita a tus niños a corregirte en una determinada área de la vida en la que estés trabajando. (Por supuesto, tienen que aprender a dar consejos o a señalar el problema de manera diplomática.) Explica cuánta gente se pierde los beneficios de la corrección por su mala respuesta a la misma. Explora con los niños las razones por las que a la gente no le gusta ser corregida. Estas conversaciones pueden abrirles la puerta a los niños para repensar sus propias respuestas.

Prestarle atención a la corrección ayuda a la persona a ser sabia. Es mejor evitar una trampa mediante la corrección que caer en ella y tener que aprender de la experiencia. De hecho, muchas de las lecciones valiosas de la vida se aprenden mediante la corrección en una u otra forma. Aunque puede que los niños no lo valoren, la corrección que les ofreces es un regalo, y tu persistencia puede proporcionarles la sabiduría que necesitan tanto ahora como en el futuro.

Jennifer es madre de dos niños muy distintos. Luke tiene diez años y Jonathan, ocho. A menudo Luke tiene que aprender por las malas, mientras que Jonathan es más receptivo a la corrección. «Tengo que acercarme a mis hijos de modos distintos. A Jonathan puedo darle una pequeña explicación y él responde bien a eso. Con Luke, es todo un desafío. Tengo que establecer límites más firmes y darle consecuencias. Hay lecciones que no quiero que aprenda de la vida mientras yo me siento de brazos cruzados, así que mis consecuencias se convierten en los obstáculos y en la experiencia vital para él. Es difícil porque él se resiste, pero sé que necesita disciplina o se meterá en líos».

Por supuesto, los padres también deben reconocer el valor de la corrección a fin de perseverar y no flaquear a pesar de la resistencia. Demasiado a menudo los padres ven la corrección como una interrupción de sus vidas. Tienen su agenda y sus objetivos para el día. La corrección obstaculiza esos objetivos y retrasa la agenda. Pero piensa en ello por un momento. Puede que lo más importante que le digas hoy a tu hijo tenga lugar durante el tiempo de corrección.

Asegúrate de dejar un margen en tu vida para los tiempos de corrección para que no te encuentres excesivamente presionado. Pero lo más importante: reconoce que la corrección es una herramienta valiosa para enseñarles a los niños acerca de la vida. Puede que a veces resulte difícil, pero el trabajo duro al final tendrá sus frutos. Proverbios 6.23 dice: «Porque el mandamiento es lámpara, y la enseñanza es luz, y camino de vida las represiones que te instruyen». La palabra «vida» en este pasaje se refiere a la calidad de vida. La conclusión es que la persona que valora la corrección y aprende de ella será grandemente bendecida. La corrección es una parte importante de la crianza. Aunque puede ser frustrante corregir a un niño que se resiste, es parte de tu trabajo.

Cuando los niños están en el camino equivocado y necesitan corrección, a menudo deben someterse a un proceso de aceptación interna de lo malo y a la disposición de moverse en la buena dirección. Eso es trabajo del corazón. Si te mantienes firme ante su resistencia, los niños se verán obligados a repensar sus maneras y reajustar su pensamiento. Sé firme y permanece dispuesto a corregir a un niño que se resiste una y otra vez para ayudarle a cambiar su modo de responder.

La corrección a menudo necesita tiempo y persistencia para ser efectiva. Rara vez un niño aprende la lección a la primera. La mayoría necesita repasar la misma verdad muchas veces a fin de captar la importancia del cambio.

41

Para hacer interesante la formación espiritual y comunicar a los niños que la Biblia es relevante y emocionante para sus vidas ahora, busca formas de...

Usar la creatividad para enseñarles a tus hijos verdades espirituales

«Papá, ¿cuándo vamos a hacer otro de esos devocionales tan divertidos de la Biblia?». ¿No te encantaría escuchar a tus hijos formular esta pregunta? No solo es posible, sino que es probable cuando enseñas las verdades espirituales de una forma divertida. Independientemente del tiempo que lleves como creyente, puedes enseñarles a tus hijos lecciones espirituales extraordinarias. La clave es primero crecer espiritualmente tú mismo y después compartirlo con tus hijos.

Deuteronomio 6.6–9 nos instruye así: «Y estas palabras que yo te mando hoy, estarán sobre tu corazón; y las repetirás a tus hijos, y hablarás de ellas estando en tu casa, y andando por el camino, y al acostarte, y cuando te levantes. Y las atarás como una señal en tu mano, y estarán como frontales entre tus ojos; y las escribirás en los postes de tu casa, y en tus puertas».

Observa que la primera tarea de los padres es nutrir su propia relación con Dios y albergar los principios de la Palabra de Dios en sus corazones. La crianza tiene una forma de motivar a la persona hacia la oración y el estudio de la Biblia. No pasa demasiado tiempo antes de que cualquier padre se dé cuenta de que necesita ayuda para criar a un niño. Dios es el que cambia el corazón del niño, y los padres solo son el medio que él usa en el proceso. Los padres pueden asociarse con el Dios del universo para provocar un cambio en el corazón.

Algunos padres cometen el error de delegar la formación espiritual a la iglesia, creyendo que están cumpliendo con sus obligaciones espirituales cuando llevan a sus hijos a la escuela dominical y a los grupos de jóvenes. La iglesia es un gran apoyo, pero no puede sustituir al hogar en lo que respecta al legado espiritual. Aunque hayas elegido enviar a tus hijos a una escuela cristiana, sigues siendo su principal entrenador espiritual.

Tu transparencia en el hogar hará mucho por ayudar a abrir ventanas espirituales para tus hijos. Toma tiempo para hablar con tus niños sobre los desafíos que enfrentan y dale gracias a Dios por sus respuestas a la oración. Puedes decir: «Hijo, hoy no me encuentro muy bien. ¿Podrías orar por mí antes de que me vaya a trabajar, por favor?». O: «Estaré orando por ti y por tu examen. Estaré impaciente porque me cuentes cómo te ha ido». Algunos padres solo oran con sus hijos antes de las comidas o de irse a la cama, pero tú quieres que tus niños sepan que Dios está disponible todo el tiempo. La oración convierte esa verdad en una realidad.

Sé creativo a la hora de enseñarles a los niños el valor de su crecimiento espiritual. Puede que tengas un gráfico de crecimiento detrás de la puerta para medir el crecimiento físico de tus hijos. Justo a su lado, anota hitos de crecimiento espiritual y desarrollo, como la primera comunión del niño o su bautismo, y cuándo el niño aprovechó una oportunidad para compartir su fe o disfrutó de la respuesta a una oración.

Las conversaciones informales acerca de Dios les proporcionan a los niños oportunidades en vivo para ver cómo la fe se aplica a la experiencia. En la medida que los niños te vean hablando de Dios durante tus actividades diarias, reconocerán la relevancia de sus vidas espirituales. También toma tiempo para establecer algún tipo de formación espiritual formal, pero asegúrate de hacerlo divertido. Los mejores devocionales de la vida familiar no suelen tener lugar alrededor de una mesa. A los niños pequeños puedes contarles una historia de la Biblia en el armario con una linterna. Con un chico mayor, podrías usar un experimento científico o un ejercicio de cocina para ilustrar una verdad espiritual.

Un papá contó: «Hervimos tres objetos —una zanahoria, un huevo y algunos granos de café— y hablamos acerca del calor en nuestras propias vidas y de lo que nos hace. Algunas personas son como la zanahoria y se ablandan y debilitan con la presión. Algunas son como el huevo y se endurecen ante la vida. Y algunas son como los granos de café, que usan el calor para influenciar su entorno con un aroma agradable y una bebida excelente». Se rieron juntos mientras hablaban alrededor de la cocina, y papá dio varios ejemplos de gente que conocía que era como los granos de café y era muy agradable estar a su lado.

Después, el papá usó la historia de José en Génesis para hablar sobre los beneficios de las pruebas y del sufrimiento. José fue maltratado por sus hermanos, vendido como esclavo, acusado falsamente por la esposa de Potifar y echado a la cárcel, pero siguió confiando en Dios. Fue capaz de responder bien en medio de las dificultades que vinieron a su vida.

El papá informó que la actividad fue divertida para su familia, pero continuó: «Un par de días después, mi hijo llegó a casa de la escuela y dijo: "Fui como el café, papá". Primero no sabía a qué se refería, pero siguió contándome que hubo un problema en la escuela que él supo manejar y recordó los granos de café que habíamos hervido».

Aunque tu cónyuge no esté cooperando contigo en la formación espiritual de los hijos, hazlo con fe y verás grandes recompensas. Una mamá explicó: «Solía desanimarme porque mi esposo no lideraba un tiempo devocional en nuestra familia. Tuve que sobreponerme a eso porque sabía que mis hijos necesitaban formación espiritual y que yo podía ofrecérsela. Lo sorprendente fue que cuando empecé a enseñarles verdades espirituales a mis hijos, mi esposo también prestó atención. Al poco tiempo él también ejercía de líder espiritual con los niños».

A veces la creatividad puede ser todo un desafío. Lo más importante es que seas transparente con tus hijos. Si estás creciendo espiritualmente y compartes ese crecimiento con tus niños, eso afectará sus corazones. No minimices la importancia de la formación espiritual. A veces los deportes, la escuela o las actividades adicionales desplazan lo más importante en la vida de un niño. Recuerda que enseñarles verdades espirituales a los niños no es opcional. Forma parte de la responsabilidad que Dios nos ha dado. Muchos padres trabajan duro para legarles una herencia financiera a sus hijos. No olvides también dejarles una herencia espiritual mediante la transmisión de la fe.

42

Los desacuerdos, los problemas y la frustración a menudo preparan el camino para una interacción poco útil entre padres e hijos. Cuando eso suceda, no te enzarces en una pelea. Más bien...

CUANDO LA COSA SE PONGA INTENSA, PIDE UN DESCANSO

«UNA DE LAS HERRAMIENTAS MÁS ÚTILES QUE HEMOS aprendido del National Center for Biblical Pareniting [Centro Nacional para la Paternidad Bíblica] es la idea de *descanso*». Ese es un comentario que hemos escuchado una y otra vez. Puede que a tus hijos les cueste entenderlo al principio, pero el trabajo de crianza es enormemente facilitado cuando el descanso es una rutina que se utiliza en tu hogar.

Cuando la intensidad aumenta y tu hijo pierde el control, es importante tomar un descanso. A los niños pequeños, de dos o tres años, hazles sentar en un lugar determinado: una silla, un rincón de la alfombra, el pasillo o el peldaño inferior de la escalera. A los niños mayores envíalos al recibidor, la habitación de los padres u otro lugar tranquilo.

Por supuesto, enviar a un niño a tomar un descanso a menudo topa con su resistencia, en especial cuando el niño está enfadado. Esa es una razón más de por qué es una habilidad esencial que hay que aprender. Los niños necesitan aprender a calmarse.

Por desgracia, los padres a menudo redoblan la intensidad con sus propias emociones cuando un niño se enoja. Esto conduce a una escalada de palabras y a una lucha de poder. Ahora el foco de atención deja de estar en conseguir calmar el corazón del niño y se centra en la lucha de poder con el progenitor.

Un descanso a menudo puede ser un buen paso en una estrategia de corrección para forzar al niño a calmarse y a prepararse para el posterior análisis de la ofensa. Tomarse un descanso es mucho mejor que lo que suele conocerse como «tiempo muerto». Las instrucciones son simples y claras. «Necesitas tomarte un descanso; cambia tu corazón y regresa cuando estés listo para hablar sobre esto». Hay dos diferencias importantes. Primero, el niño sabe que el objetivo del descanso es un cambio en el corazón y, segundo, el niño ayuda a determinar la cantidad de tiempo que pasará en el sitio de descanso, regresando solo cuando esté listo para un análisis de la situación.

Estas dos diferencias entre el tiempo muerto y el descanso cambian la postura de los padres. Con el tiempo muerto, mamá y papá son los agentes de policía, manteniendo al niño en la silla hasta que se cumpla la condena por mala conducta. Con el descanso, los padres están ansiosos de que el niño regrese y la vida familiar positiva pueda continuar.

A veces, la testarudez o resistencia de un niño son obvias. En esos momentos, deja de tratar con el asunto en cuestión y habla del proceso de cómo se están relacionando. «Veo que estás disgustado, y no es bueno para nosotros continuar hasta que te calmes. Necesitas tomarte un descanso y regresar cuando estés listo para seguir hablando sobre esto con calma». Haz que el niño se siente en el salón o en el último peldaño de la escalera o en algún otro sitio aburrido. Cuando se haya calmado, entonces tiene que regresar a ti y hablar acerca del problema.

Si tu hijo regresa sin haber cambiado su corazón, entonces envíalo de nuevo a su rincón. Un papá contó la historia de Belinda, de siete años, que le estaba gritando a su hermano. «La llamé para que subiera las escaleras y hablara conmigo sobre lo que pasaba y empezó a chillarme. Le dije que aquello era del todo inapropiado y que se tomase un descanso en el salón y se calmase. Un minuto después regresó, pero obviamente, no había habido ningún cambio en ella. Venía con la cabeza ladeada, una postura perezosa y le sobresalía el labio inferior. Ni siquiera tuve que hablar con ella. Solo le dije lo que veía. «Belinda, veo que aún no estás preparada. El modo en que estás ahí de pie y la expresión de tu rostro me dicen que sigues teniendo un problema en tu corazón. Quiero que regreses hasta que estés lista para venir con el corazón cambiado».

«Esta vez estuvo fuera unos veinte minutos, y cuando volvió el cambio era evidente. De hecho, tomé su cabeza entre mis manos, miré en el fondo de sus ojos y dije: "Puedo ver tu corazón ahí. Ahora parece bien bonito. Creo que ahora sí estás lista para hablar de ello". Belinda se rio y entonces seguimos hablando del problema. Le expliqué que no podía gritarle a papá. Eso era irrespetuoso incluso aunque estuviera enfadada. También hablamos de las respuestas correctas que podía ofrecer si estaba enojada con su hermano».

Ese papá usó un descanso para ayudar a su hija a calmarse y así maximizó el proceso de corrección. Un descanso ayuda a los padres a abordar los asuntos del corazón con los niños y puede convertirse en una técnica disciplinaria primordial. En realidad proviene de la Biblia, de la enseñanza de la disciplina en la familia de Dios, la iglesia (Mateo 18; 1 Corintios 5; 2 Corintios 2). La idea es esencialmente esta: si no puedes acatar los principios que hacen que esta familia funcione, entonces no puedes disfrutar de los beneficios de la vida familiar. Ambos van de la mano.

La mayoría de los niños se resisten al descanso, sobre todo al principio. Después de todo, no muchas personas aceptan de forma natural dar un paso atrás y calmarse cuando se sienten enojadas. Esa es una razón más para poner el descanso en práctica en tu hogar. Le enseña a los niños importantes estrategias de autodisciplina para sus corazones. Con el tiempo, ellos aprenderán que seguir insistiendo es la respuesta equivocada y que por lo general lleva a algo de lo que se arrepentirán.

La historia de Jonás es una preciosa imagen del arrepentimiento. Jonás 1.1–2 dice: «Vino palabra de Jehová a Jonás hijo de Amitai, diciendo: "Levántate y ve a Nínive, aquella gran ciudad, y pregona contra ella"». Pero Jonás se negó, así que Dios tuvo que ponerlo en descanso, sentado en el vientre de un pez, hasta que llegó al punto de arrepentimiento en su vida. Pero Jonás 3.1–2 es un pasaje precioso. «Vino palabra de Jehová por segunda vez a Jonás, diciendo: "Levántate y ve a Nínive, aquella gran ciudad, y proclama en ella el mensaje que yo te diré"». Dios da segundas oportunidades, pero a menudo la persona necesita un tiempo de arrepentimiento entre ellas.

Si un niño se niega a tomar un descanso, tienes varias opciones dependiendo de la edad. Con los niños más pequeños puedes ponerlos allí físicamente para ayudarles a aprender de qué trata el descanso. Con niños mayores, puedes negarles cualquier beneficio de la vida familiar hasta que se tome un descanso. Los hijos tienen que aprender que el descanso no es una materia opcional. Es una asignatura obligatoria.

El descanso es una parte importante de la filosofía bíblica de la paternidad, no solo una solución de la infancia. Muchos padres se beneficiarían de tomar un descanso. Una mamá dijo: «Siento mucha intensidad y tiendo a reaccionar sin pensar. Es como si mis emociones tuvieran la habilidad de pasar por alto mi cerebro. Estoy aprendiendo a dar un paso atrás y a calmarme antes de reaccionar con mis hijos. Requiere trabajo entender qué es lo que realmente está sucediendo. Estoy aprendiendo a disminuir la velocidad y pensar más acerca de lo que estoy sintiendo. Estoy haciendo progresos y adquiriendo cierta perspectiva sobre cómo me relaciono con mis hijos. Ellos también están viendo algunos cambios en mí. Cada vez tengo menos miedo de las emociones y más ganas de comprenderlas y aprovecharlas al máximo en nuestra familia».

Si estás luchando con la intensidad emocional en ti mismo o en tus hijos, entonces cada vez que la veas en alza, pisa el freno, toma un descanso y resiste la tentación de subir la temperatura. Es el primer paso para gestionar los conflictos de forma saludable.

No permitas que el conflicto escale en una batalla. Detén la intensidad con un descanso. No solo te ayudará a ti a permanecer calmado, sino que ayudará a tus hijos a desarrollar madurez a la hora de lidiar con sus emociones y con el conflicto.

43

LOS NIÑOS QUE JUEGAN AL JUEGO DE LA CULPA PIERDEN

—NO ES MI CULPA. ÉL EMPEZÓ.

—No es verdad. Tú lo hiciste.

¿No es sorprendente que algunos niños parezcan ser capaces de ver todos los factores que causaron su actual problema excepto su propia parte en él? Es más, algunos niños tienen un problema culpando a los demás y no asumiendo su responsabilidad por su parte del problema. En la mente del niño, siempre es culpa de otro. Estos niños tienen la capacidad de ver todo tipo de razones cuando hay una ofensa, pero no pueden ver cómo sus propias acciones contribuyeron a él, o al menos no quieren admitirlo.

Cuando los niños se excusan a sí mismos culpando a los demás, se pierden el beneficio de la corrección y justifican sus pobres respuestas. En la base de su pensamiento a menudo se encuentra la creencia errónea de que la corrección significa que son inadecuados, indignos o incluso estúpidos. Esta confusión de la corrección a menudo entorpece el progreso significativo. Después de todo, uno de los modos en que aprendemos algo es mediante la corrección.

Admitir tu culpa en una situación determinada no es opcional. De hecho, asumir la responsabilidad por tu parte del problema es el primer paso hacia el cambio. Tu tarea como padre es ayudar a tu hijo a avanzar en el proceso de la confesión de un modo misericordioso. Pregúntale a un niño con claridad: «¿Qué hiciste mal?». Formula la pregunta amablemente, sin acusar. Esto le permite a tu hijo admitir lo que hizo mal. La confesión forma parte del proceso bíblico del arrepentimiento. Los niños deben asumir la responsabilidad por su parte del problema a fin de cambiar.

Por desgracia, muchos padres animan a sus hijos a defenderse o a culpar a los demás debido al modo en el que enfocan la confrontación. Cuando entras en una habitación y preguntas «¿Qué ha sucedido aquí?» o «¿Quién ha empezado?», estás animando a los niños a racionalizar, justificar, culpar o defender sus acciones. Cuando preguntas «¿Quién ha empezado?», ¿alguna vez sale un niño diciendo «Fui yo»? No. Más bien tienden a culpar a los demás.

Es mucho más eficaz hacer que los niños evalúen su parte del problema. Aunque un niño se vea a sí mismo como una víctima, su respuesta a la situación sigue siendo importante. Los niños que arremeten contra los demás porque creen que tienen razón a menudo justifican las respuestas insensatas al conflicto. Tu trabajo es ayudar a tu hijo a ver que sus respuestas son importantes ya fuesen provocadas o no.

Por supuesto, algunos niños no querrán admitir lo que hicieron mal. En ese caso, es mejor hacer que se sienten en algún sitio durante un rato hasta que estén listos. Asumir la responsabilidad no es una opción. Si un niño ha olvidado cuál fue la ofensa, entonces díselo, pero no dejes que simplemente diga que sí. Formula de nuevo la pregunta. Es importante que los niños admitan lo que hicieron mal, y la confesión verbal es una parte del proceso.

La realidad es que en la mayoría de situaciones hay múltiples factores que contribuyen al conflicto. Los niños tienen la capacidad de centrarse en todos los demás factores excepto en el suyo. Si hay otros implicados, como sucede a menudo, un niño no debería excusar el mal comportamiento culpando a un tercero. La estupidez de los demás no justifica una respuesta equivocada. Todos los niños tienen que asumir la responsabilidad por su parte del problema.

Un error común de los padres es entablar un diálogo acerca de la situación completa, intentando descubrir quién más está equivocado, qué es lo justo y por qué suceden estas cosas. Esas preguntas pueden ser útiles a veces, pero llegarás más lejos ayudando a tus niños a cambiar sus corazones si empiezas con la pregunta: «¿Qué hiciste mal?». Esa sencilla pregunta puede ayudar a los niños a ver sus propios errores y a aprender a asumir la responsabilidad por ellos. Cuando dos niños se están peleando, por ejemplo, ten cuidado de no enfocarte solo en la ofensa de uno de los niños o en quién empezó. Por lo general, cuando dos niños se están peleando, tienes dos niños egoístas. Hazles a cada uno de ellos esta pregunta: «¿Qué hiciste mal?». Enséñale al niño ofendido cómo responder de forma adecuada.

La confesión es una habilidad espiritual y está establecida como el primer paso de Dios hacia el cambio. Santiago 5.16 dice: «Confesaos vuestras ofensas unos a otros, y orad unos por otros, para que seáis sanados». Por supuesto, Dios exige la confesión para que nosotros podamos recibir el perdón. En 1 Juan 1.9 leemos: «Si confesamos nuestros pecados, él es fiel y justo para perdonar nuestros pecados, y limpiarnos de toda maldad». Las personas que confiesan tienen el poder de cambiar. La confesión le hace algo al individuo. De algún modo, hace más obvia su ofensa. Los niños tienen la forma de justificarse o racionalizar porque alguien hizo algo. Aunque eso puede ser cierto, la confesión ayuda a los niños a ver que ellos también tuvieron una parte en el problema. La confesión es idea de Dios, y una parte necesaria del proceso de cambio.

Aquellos que culpan a los demás continuamente se ven a sí mismos como víctimas, siempre centrándose en la responsabilidad de los demás. De hecho, el acusador cree que su felicidad viene determinada por las acciones de los demás. Esta mentalidad victimista deja a la persona sintiéndose inútil, quejándose continuamente sobre los problemas de la vida. Una persona que asume la responsabilidad por su parte en una ofensa tiene el poder de cambiar porque reconoce su contribución a la situación.

Negarse a permitir culpar a los demás y exigir a los niños que asuman la responsabilidad personal les prepara para pensar correctamente sobre las ofensas. En vez de mortificarse uno mismo diciendo «Soy un idiota» o «Nunca voy a hacerlo bien», sería mejor simplemente admitir la culpa, aprender de ella y seguir adelante.

El cambio duradero tiene lugar en el corazón. A veces un niño se vuelve autoprotector y le falta la humildad necesaria para que el cambio pueda ocurrir. Tener una rutina sencilla a la hora de procesar las ofensas puede hacer mucho por desarrollar el pensamiento correcto sobre los errores. Todo esto puede empezar con una fantástica pregunta introductoria: «¿Qué hiciste mal?».

44

*A algunos niños les cuesta mucho completar una tarea
y mantenerse en la línea cuando se les da una orden.
Para ayudarles a desarrollar un mayor sentido de
responsabilidad...*

Haz que los niños te informen

Heather estaba frustrada. «Cuando le digo a Jaden, mi hijo de cinco años, que vaya a ponerse los zapatos porque tenemos que salir, él no regresa. Cuando voy a mirar, le encuentro sentado en el suelo jugando con sus coches. Y eso no solo pasa con sus zapatos. Cada vez que le digo que haga algo, él se despista. Tengo que gritarle continuamente para que haga las cosas».

«Yo tengo el mismo problema con mi adolescente —informó Samantha—. Le digo a Sara que recoja los platos y limpie la cocina, pero después de que ella vaya a su habitación me encuentro con que el trabajo está a medias».

Un modo de enseñarles a los niños responsabilidad en el trabajo cotidiano de la vida familiar es hacer que te informen cuando terminen una tarea. Muchos padres dan quehaceres, asumiendo que sus hijos los completarán, solo para terminar frustrados cuando más tarde descubren que el trabajo no se ha hecho, o se ha hecho solo en parte.

Estas dos y mamás tienen que usar su frustración para identificar la causa del problema. Los niños se distraen fácilmente, pero el fondo del asunto tiene que ver con la responsabilidad. Cuando a los niños se le enseña a informar, aprenden responsabilidad.

La mayoría de los niños no sienten de forma natural el peso interno de la responsabilidad. Puedes ayudarles a desarrollarlo exigiéndoles que te informen. Heather podría decir: «Jaden, tienes que ir a buscar los zapatos y traerlos aquí ahora mismo. Voy a esperar aquí en la puerta a que vengas a informarme».

Mientras Heather espera, ella está atenta a la distracción. Al principio puede que Jaden necesite que estén encima de él, pero cuando se dé cuenta de que tiene que informar a la mamá y que ella no ha olvidado la tarea, sentirá la presión para llevar a cabo la demanda. Los niños que hacen el trabajo a medias, se distraen fácilmente o no completan las tareas necesitan una supervisión más estrecha, unas tareas más reducidas y un reporte más frecuente.

Incluso los niños mayores a veces tienen problemas con la irresponsabilidad. No es necesario gritar, sino pedirles cuentas. Lleva trabajo exigir que los niños te informen, pero tu inversión ahora les dará a tus hijos un regalo valioso. Informar cuando se ha completado una tarea es una habilidad de adultos. Los jefes aprecian cuando los empleados les informan. Ya sea que los niños tengan tres, ocho, doce o quince años, necesitan aprender esta valiosa habilidad.

La responsabilidad puede definirse de forma distinta para niños distintos. Para el niño que se distrae fácilmente, la responsabilidad podría definirse como «centrarse en una tarea hasta finalizarla y después informar». Para un niño que tiende a hacer el trabajo a medias, podrías definir la responsabilidad como «hacer una tarea concienzudamente sin que tengan que recordárselo». Para el niño que tiende a hacer lo que dices y no lo que quieres decir, podrías definir la responsabilidad como «completar el trabajo en base a las expectativas de la persona que ha dado la instrucción». En cada caso les estás enseñando a los niños lo que significa hacer un trabajo con un sentido de obligación para completarlo bien.

Cuando recibe una orden, un niño debería sentirse un tanto incómodo. Ese sentimiento de incomodidad es lo que la gente responsable siente cuando tienen una tarea inconclusa. Simplemente imagínate tu lista de cosas por hacer. Si pasa el tiempo y tu lista de cosas por hacer no está decreciendo, te sientes un poco incómodo y pones más esfuerzo de tu parte. Los niños a menudo no sienten ese sentimiento de incomodidad porque aún no son responsables. Puedes enseñarles esa cualidad incrementando la incomodidad durante el proceso de instrucción. No estamos sugiriendo que les grites o seas malo con tus hijos. El objetivo no es que se sientan incómodos contigo, sino simplemente con una tarea inacabada. Ese sentimiento de incomodidad se traduce en un sentido de obligación para completar la tarea. Exigir que los niños te informen pone un fin determinado a la orden, liberando a los niños cuando la tarea se ha completado. Se sienten un poco incómodos sabiendo que su trabajo será evaluado y que alguien está esperando que vayan a informar. El sentimiento de incomodidad desaparece una vez que han informado y la tarea es revisada.

Muchos padres comienzan bien las instrucciones pero no las finalizan de forma efectiva. En vez del sentimiento de satisfacción por el trabajo bien hecho, los niños se sienten culpables, preguntándose cuándo mamá va a darse cuenta de que escondieron la ropa debajo de la cama o no barrieron el camino. Los padres les hacen un regalo a sus hijos exigiéndoles que informen. Si la tarea no cumple las expectativas, entonces el niño no queda liberado hasta que se completa. Después de que los padres revisen el trabajo y liberen al niño, le están dando el regalo de la libertad en su conciencia. El niño ha completado la tarea y ahora es libre de irse. Por desgracia, muchos niños nunca reciben ese regalo y continuamente viven con la culpa de los trabajos que no han terminado o que han hecho de forma inadecuada.

La historia de David en el Antiguo Testamento es divertida para los niños, porque él fue un héroe. Pero el hecho de que David se convirtiera en un héroe no empezó cuando mató a Goliat. Comenzó mucho antes, en las pequeñas cosas de la vida. David, como muchos niños hoy, cuidaba los animales. Se ocupaba de las ovejas. Practicaba con su instrumento musical, lo que le permitió obtener un trabajo tocando para el rey cuando se hizo un poco mayor. Su padre pudo confiar en él para hacer un recado, como llevar comida al comandante del ejército. En resumen, David era un niño responsable y Dios eligió a este joven para hacer cosas aun más grandes para él.

Es interesante notar que David tomó el puesto de un rey que no era responsable. Su nombre era Saúl, y no parecía capaz de obedecer a Dios. «Me pesa haber puesto por rey a Saúl, porque se ha vuelto de en pos de mí, y no ha cumplido mis palabras», dijo Dios (1 Samuel 15.11). Así pues, la pregunta para tu hijo es: «¿Prefieres ser como David o como Saúl?». Uno fue fiel en las cosas pequeñas y llegó a convertirse en un héroe. El otro tenía un trabajo fabuloso y lo perdió por no ser capaz de seguir las instrucciones.

Los niños aprenden las raíces de la responsabilidad cuando les enseñas a seguir las órdenes y a informar. Puede que a algunos les parezca trivial, pero esto proporciona el fundamento para conseguir trabajos más importantes en el futuro.

45

Gran parte del beneficio de la hora de la comida se pierde cuando los padres ponen demasiado énfasis en los modales o en la alimentación. Eso es importante, pero también es útil...

UTILIZAR LA HORA DE LA COMIDA PARA CONSTRUIR RELACIONES

TOMA UN MOMENTO Y REFLEXIONA SOBRE LA CONVERSA-ción alrededor de tu mesa del comedor. Cuando Rachel pensó en ello, se dio cuenta de que la interacción era más bien negativa, con un enfoque continuo en los modales y los asuntos de la alimentación. «¿Pero qué se supone que debo hacer cuando se ponen a hacer tonterías o solo se comen la patatas fritas y nada más?».

Lo que un niño come es importante. Una alimentación equilibrada es la base de un crecimiento y desarrollo saludables. No es de extrañar que los padres se preocupen por lo que sus hijos comen. Por desgracia, demasiada atención en el tema puede contribuir a la ansiedad que rodea a la alimentación y la elección de alimentos. Un delicado equilibrio es importante.

En la mayor parte de la vida, comer es un evento social. Cuando la gente se reúne, suele ser alrededor de la comida. ¿Por qué no empezar ahora a usar la hora de comer en tu hogar para construir relaciones? Permite que las comidas se conviertan en un tiempo para disfrutar los unos de los otros.

En vez de atosigar a los niños sobre la elección de sus alimentos, a menudo es mejor proporcionarles menús y tentempiés saludables y reducir al mínimo las opciones malsanas. Si le das unas rodajas de manzana a un preescolar, entonces ese será su refrigerio. Si en cambio tu hijo prefiere galletas, simplemente puedes decir: «Hoy este es nuestro aperitivo. Si no quieres comértelo, serviré el almuerzo en un rato».

Para la comida podrías darle a un hijo un sándwich con algunos palitos de zanahoria y apio. Si tu niño se queja y quiere patatas fritas, puedes decirle: «Esto es lo que hay para comer. Toma las partes que quieras. Más tarde merendaremos».

La consecuencia natural de no comer es tener hambre, un motivador excelente. De hecho, es sorprendente lo que los niños se comen cuando están hambrientos. No siempre tienes que ser firme con la elección de los alimentos, pero si tu hijo continuamente escoge patatas fritas y galletas en vez de alternativas saludables, entonces puede que quieras tomar un enfoque más firme. No necesitas un montón de cháchara sobre el tema. Solo sé firme y práctico.

Recuerda que los niños comen más o menos en las diferentes etapas de crecimiento. Además, muchos niños tienen un abanico de alimentos que les gustan muy reducido. No tienes que cocinar solo lo que les gusta. Prepara una variedad de alimentos, pero permite que los niños opten por no comer lo que no les gusta. Proporciónales tentempiés saludables entre las comidas, y anímalos a escoger entre lo que está disponible.

Los padres que obligan a sus hijos a dejar los platos limpios a menudo les hacen un flaco servicio. En la cultura occidental tendemos a tener problemas con la obesidad y los desórdenes de ansiedad relacionados con la alimentación. Tú no quieres contribuir a esos problemas mostrándote demasiado vigilante con la comida. Ofréceles a los niños opciones saludables y permite que ellos elijan la cantidad.

En muchas casas la cena es el único momento en que la familia se reúne. Esto se hace más pronunciado a medida que los niños se hacen mayores y los horarios se complican. Es una lástima que muchos padres pongan demasiado énfasis en los modales o la elección de los alimentos o que incluso utilicen la conversación en la mesa como un tiempo para analizar las ofensas del día y más tarde disciplinar a los niños.

Todas estas cosas pueden ser necesarias o útiles en ocasiones, pero ten cuidado de no desarrollar un patrón negativo alrededor de la mesa. Se dice que se arruinan más comidas en la mesa que en el fogón.

Venir a la mesa ya seas que estés hambriento o no es importante. Cuando llamas a tu hijo a comer y él te dice «No tengo hambre», puede que te sientas tentado a permitirle seguir jugando. Pero la realidad es que la hora de la comida es una experiencia familiar. Quieres pasar un tiempo juntos y disfrutar de las relaciones.

Usa la hora de comer para compartir cómo ha ido el día. Habla de lo que has aprendido y pídeles a los niños que hablen de sus experiencias. Ellos aprenderán habilidades relacionales valiosas, tales como escuchar, hacer preguntas, hablar y contar historias. Un recordatorio gentil sobre afirmar a los demás, no interrumpir o dejar hablar a otra persona les enseña a los niños cómo mantener una conversación y disfrutar de los demás en el proceso.

Toma tiempo para planificar el componente social de la hora de la comida. Reserva algunas anécdotas del día, chistes o adivinanzas, o plantea preguntas que hagan que tus hijos hablen. Algunos padres pasan mucho tiempo preparando la comida pero no se preparan en absoluto para el diálogo. Eso es un error en muchos hogares donde la conversación se deteriora rápidamente y las oportunidades para relacionarse se pierden.

Los niños aprenden de las historias. Cuando compartes los modos en que estás creciendo o los incidentes que te marcaron durante el día, los niños lo aplican a su propia vida. Reír y hacer tonterías puede añadir un sentido positivo a la vida familiar. Cuando sea apropiado, cuenta cómo has aplicado la Palabra de Dios en situaciones prácticas por la forma en que piensas o actúas. Esto ayuda a los niños a ver que la espiritualidad no es solo una técnica, sino un estilo de vida.

Algunos niños convierten la hora de la comida en un desafío. Los jóvenes hiperactivos o excesivamente parlanchines pueden hacer difícil una conversación civilizada. Los conflictos entre hermanos inundan lo que, por el contrario, tendría que ser una conversación placentera. Intenta reconducir amablemente las cosas. Redirige el diálogo y entretén a los niños con tu entusiasmo y energía.

Los modales son importantes para relacionarse bien con los demás. Aprender a interrumpir de forma educada, cómo pasarse los platos los unos a los otros y cómo comer correctamente es importante. Enseña estas lecciones con el tiempo. No exageres las técnicas socialmente apropiadas en cada comida o terminarás con un tiempo para la comida más combativo de lo que es útil. Equilibra la enseñanza de los modales con la relación y observa cómo los niños crecen con el tiempo.

Si un niño necesita disciplina, apártalo de la mesa y dile que será bienvenido de nuevo cuando actúe de forma adecuada en la comida. Mientras tanto, sigue disfrutando de la conversación y de la relación con las otras personas que están allí.

Dios nos promete una velada especial al final de este mundo, y Apocalipsis 19.9 dice: «Bienaventurados los que son llamados a la cena de las bodas del Cordero». Será una fiesta celebrar nuestra relación con Cristo. Puedes estar seguro de que aquella comida será un tiempo especial también para disfrutar de otras relaciones. Seguro que habrá risas, se contarán historias y se podrá gozar del simple privilegio de escuchar a los demás. La cena de bodas tratará de las relaciones, y los niños van a disfrutarlo tanto como sus padres.

Tu filosofía bíblica de la paternidad debe incluir una buena perspectiva acerca de tu mesa de la cocina, porque el tiempo de la comida ahora es solo una práctica para aquella velada especial que disfrutaremos. Lo que haces hoy es un reflejo de la belleza de la cena que está por venir.

46

A menudo los niños quieren privilegios pero carecen del carácter para manejarlos de forma eficaz. En esos momentos, necesitan aprender que...

EL PRIVILEGIO Y LA RESPONSABILIDAD VAN DE LA MANO

MELODY, DE TRECE AÑOS, LE PREGUNTÓ A SU MAMÁ:

—¿Qué edad debo tener para hacer de canguro?

La mamá fue lo bastante sabia para responder:

—La respuesta no tiene que ver con la edad, sino con la responsabilidad.

Melody siguió:

—¿Cómo sabrás que soy lo suficientemente responsable?

—Veré señales de responsabilidad en casa. Puedo decirte si eres responsable por cómo cuidas de tu habitación y por qué tipo de decisiones tomas cuando no estoy cerca.

A veces los padres les dan privilegios a jóvenes que no son lo bastante responsables para manejarlos. Los privilegios son cosas como quedarse solo en casa, tener una cuenta de correo electrónico, llevar teléfono móvil, ir al centro comercial con amigos o poder ir a dormir más tarde.

Los niños quieren privilegios y a menudo presionan a sus padres para que se los den. Una filosofía bíblica de la paternidad fuerte te ayudará a resistir bajo presión y mantendrá los privilegios en perspectiva. Ten cuidado con dar los privilegios demasiado rápido, y cuando se los des a tus hijos, úsalos para enseñar responsabilidad. «Antes de poder darte acceso a Internet, tengo que ver que te posicionas a favor de la justicia, eres honesto bajo presión y haces lo correcto cuando nadie te está mirando». O: «Me gustaría dejarte ir a dormir más tarde, pero eso significa que tienes que demostrar una buena actitud durante el día. No estoy seguro de que sea el momento».

Ser padres es como enseñar a los niños a nadar. Cuando los niños están en la parte honda, aprendiendo a ser responsables y maduros, los padres a veces empiezan a lanzarles juguetes en forma de privilegios. Entonces los niños se distraen de la tarea de aprender cómo crecer, e involuntariamente los padres contribuyen al fracaso de sus hijos.

No caigas en la trampa que dice que les debes privilegios a tus hijos porque sus amigos los tienen. Además, algunos niños creen que los privilegios de los que gozan en su familia son derechos. Una actitud de creerse con derecho puede llevar a un joven a ser desagradecido y demandante.

Jesús contó una parábola en Mateo 25.14–30 acerca de un terrateniente que regresó para encontrarse con dos siervos que habían sido responsables y uno que no. El hacendado les dijo a cada uno de los sirvientes responsables: «Sobre poco has sido fiel, sobre mucho te pondré». El terrateniente dijo algo importante que nosotros debemos repetir a nuestros hijos cada día a fin de enseñarles sobre la vida: el privilegio y la responsabilidad van de la mano.

Cuando el terrateniente llegó al tercer siervo y vio que aquel no había sido responsable, dijo: «Al que no tiene, aun lo que tiene le será quitado». Eso debería ser cierto también en la familia. Los padres deben revocar los privilegios cuando los niños no sean responsables.

Otra forma de decirlo es esta: un joven no debería poder experimentar los beneficios de la vida familiar sin acatar los principios que la hacen funcionar. Un papá dijo: «No me siento a gusto llevándote al centro comercial ahora por la forma en que me dijiste que me marchara de tu habitación hace unos minutos. Primero tratemos el modo en que me tratas y después podemos hablar del privilegio de llevarte al centro comercial».

Hacer cumplir el principio de que el privilegio y la responsabilidad van de la mano puede ser una forma principal para que los padres disciplinen a sus adolescentes. Si tu hijo muestra una falta de responsabilidad, no recompenses su irresponsabilidad con privilegios, independientemente de su edad. Solo porque un niño tenga catorce años no significa que sea lo bastante maduro para ir a casa de un amigo sin supervisión. No des privilegios basados en la edad; en cambio, usa la responsabilidad como guía.

La responsabilidad se demuestra de forma práctica. Recoger después de comer, tomar la iniciativa para ayudar a quitar la mesa, ser honesto en una situación difícil, responder a la corrección sin culpar de la ofensa a nadie más y manejar la decepción con una buena actitud, son indicadores de responsabilidad.

Cuando un padre dice no a un privilegio, el adolescente puede decir: «No confías en mí». Y la respuesta es: «La confianza es algo que te ganas siendo responsable. Muéstrame que eres responsable llegando a tu hora, haciendo las tareas de la casa sin que tengan que recordártelo y posicionándote a favor de la justicia cuando estés en una situación difícil; entonces podemos hablar acerca de obtener algunos de estos privilegios que estás pidiendo».

Los adolescentes tienden a querer más libertad. Es mejor ver esa libertad como un privilegio y ligarla con hacer lo correcto en diversas áreas. Puedes decir: «Hijo, entiendo que quieras más libertad. Si lo haces bien en la escuela dando lo mejor de ti, en el trabajo siendo responsable, en casa completando tus tareas y tratando a tu familia con respeto y en la iglesia involucrándote con el Señor, entonces me sentiré más motivado para liberarte en otros ámbitos. Muéstrame responsabilidad en estas áreas clave de tu vida y estaré ansioso por darte mayores privilegios».

Es poco realista esperar que un niño pequeño sepa cómo debe limpiar su habitación; le enseñas y después compruebas cómo lo hace. Lo mismo es cierto a la hora de enseñar responsabilidad a los adolescentes. Puedes simplemente asumir que un joven sabe cómo resistir la presión negativa de sus compañeros, por ejemplo. Requiere trabajo desarrollar la habilidad de decir que no bajo presión. Si tu hijo no ha aprendido cómo defender lo que está bien en ese tipo de situaciones (responsabilidad), ten cuidado con dejarle ir al centro comercial con sus amigos (privilegio). Los niños necesitan aprender responsabilidad y, como padre, tienes el privilegio —o, digamos, la responsabilidad— de enseñársela.

LA FIRMEZA NO PRECISA DE DUREZA

«MIS HIJOS NO HACEN NADA A MENOS QUE ME ENOJE». Este padre está confundiendo la dureza con la firmeza. No son lo mismo.

La firmeza dice que un límite es seguro y que si se cruza habrá consecuencias. La dureza, por el contrario, utiliza palabras de enojo para hacer que los niños crean que los padres hablan en serio. Hazte una pregunta importante: «¿Qué pista le das a tus hijos de que estás hablando en serio? ¿Es ira o es firmeza? Si te encuentras siendo duro, toma tiempo para evaluar de nuevo tu respuesta. Más acción y menos gritos pueden hacer mucho para dar lugar a un cambio significativo.

Para algunos este concepto es tan novedoso que tienen problemas para apropiarse de él. Una mamá dijo: «La idea de separar la firmeza de la dureza es como escuchar un idioma extranjero: suena bonito pero no tiene ningún sentido». Puedes usar tu filosofía bíblica de la paternidad para separar ambos conceptos.

¿Cómo haces el cambio de usar la firmeza sin dureza? Hay dos cosas que te ayudarán a eliminar la dureza de la interacción con tus hijos: dialoga menos y muestra menos emociones. No lo malinterpretes; hablar con tus hijos es bueno la mayor parte de las veces porque fortalece los vínculos de la relación entre padres e hijos. Sin embargo, en un intento por construir relaciones, algunos padres pasan demasiado tiempo dialogando sobre las instrucciones. Tratan de defender sus palabras, persuadir a sus hijos de que hagan lo que se las ha dicho o explicar de forma lógica el valor de la obediencia. A menudo esto es contraproducente y les enseña a los hijos a resistir más. Los padres, entonces, recurren a la ira para terminar la discusión, lo que complica aun más las cosas.

Una mamá dijo: «Pero yo pensaba que hablar y mostrar las emociones era una señal de una familia saludable, y que llevaba a la intimidad en la vida familiar». Eso es cierto cuando se usan del modo correcto. Por desgracia, cuando se añaden al proceso de instrucción, estos dos ingredientes confunden a los niños y no les dan los límites claros que necesitan. Son dos cosas buenas en el lugar y el momento equivocados.

La ira funciona. Acalla a los niños, les hace caminar hacia el coche cuando es hora de irse y les motiva a limpiar su habitación. Pero la ira y la dureza tienen un inconveniente. Construyen muros de resistencia en los niños, y con los años contribuyen al distanciamiento de las relaciones.

Una buena rutina de corrección le enseña a los niños que deben cambiar. Su curso de acción actual no funciona. Es inaceptable y necesita un ajuste. Por desgracia, el mensaje claro de que el niño tiene un problema y necesita trabajar en él a veces se pierde a causa de la ira paternal. La dureza del padre puede confundir el proceso de aprendizaje. En vez de pensar: *estoy aquí haciendo un descanso porque hice algo mal*, el niño piensa: *estoy aquí tomando un descanso porque hice enfadar a mamá*.

El enfoque del niño cambia de corregir lo que hizo mal a evitar la ira paternal. Es importante recordar que tu ira es útil para identificar problemas pero no es buena para solucionarlos. Cuando tengas la tentación de responder con dureza, ten la precaución de tomarte un momento y pensar sobre lo que quieres enseñar en la situación. Es fácil reaccionar con ira cuando tu hijo está haciendo las cosas mal, pero es más efectivo avanzar hacia una rutina de corrección constructiva.

La firmeza requiere acción, no ira. Tener una caja de herramientas con consecuencias es importante para ayudar a los niños a progresar en la vida. No es opcional. Algunos padres usan la ira como su consecuencia. Estos padres necesitan más herramientas para ayudar a sus hijos a hacer cambios duraderos. De hecho, creemos que los padres que no tienen ni herramientas ni plan, usan la ira para resolver los problemas.

Responder con ira a menudo es una forma de venganza, mientras que la firmeza se presta a enseñar a los niños qué hacer bien y motivarles a ello. La dureza le da un mensaje equivocado a los niños. Por ejemplo, papá grita: «¡Ya estoy harto! ¡Te he llamado cinco veces y no has venido, así que no voy a llevarte a la fiesta!».

El niño recibe una señal contradictoria. ¿Perderse la fiesta es la consecuencia de no ir cuando se le ha llamado o es la consecuencia de hacer enfadar a papá? Los niños que crecen con padres explosivos aprenden a centrarse más en agradar a la gente que en vivir con convicciones sobre lo correcto y lo incorrecto. En vez de preguntar «¿Qué es lo que hay que hacer aquí?», preguntan: «¿Cómo puedo maniobrar en medio de esta situación sin contrariar a nadie?». Puede que aprendan a hacer cambios en la vida, pero no porque estén decididos a hacer lo correcto. Más bien hacen cambios para evitar contrariar a la gente; se convierten en personas complacientes o solapadas. Los niños, entonces, creen que lo que hicieron estuvo bien, siempre que mamá y papá no lo descubran. Mientras nadie se enfade, no hay ningún problema.

Cuando cometes un error y lo corriges con ira, es importante volver a tu hijo y hablar de ello más tarde. Clarifica lo que estuvo mal, por qué se le dio una consecuencia y discúlpate por tu dureza.

La Biblia ofrece este perspicaz proverbio: «La mujer sabia edifica su casa; mas la necia con sus manos la derriba» (Proverbios 14.1). Obviamente, la destrucción de una casa puede hacerla tanto el padre como la madre. El tema es este: la fuerza interior del control de las emociones no solo guía a los niños y los lleva en la buena dirección, sino que además crea una mayor intimidad en las relaciones.

Proverbios 15.1 es igualmente sagaz. Dice: «La blanda respuesta quita la ira; mas la palabra áspera hace subir el furor». No olvides que la dureza entorpece el camino del crecimiento que quieres ver en tus hijos y en tus relaciones.

48

Si los niños hacen lo adecuado pero refunfuñan y se quejan, entonces tienes un problema. No sirve de nada hacer lo correcto si tu corazón está en el sitio equivocado. Por eso querrás...

Disciplina para las malas actitudes

Por desgracia, algunos padres excusan la mala actitud de sus hijos. Todos hemos escuchado las excusas.

«Cuando crezca se le pasará».

«Es tan linda...».

«Al menos está haciendo lo que le he pedido».

«Está cansado».

«Está pasando por una etapa».

«Es mejor que otros niños de su edad».

«Los niños son así».

«Es una adolescente».

«Tiene dos años».

«Es un niño».

«Podría ser mucho peor».

Cada una de estas frases es una excusa para no disciplinar, y a menudo representa una oportunidad perdida para enseñar o dirigir a un niño a un nivel más profundo. Recuerda, no estás tratando solo de ayudar a los niños a cambiar su exterior para desarrollar un comportamiento bueno y agradable. Estás tratando de ayudar a tus hijos a que cambien su corazón. Una buena filosofía bíblica de la paternidad reconoce que la actitud es la ventana al corazón de un niño.

Las actitudes pueden ser buenas o malas, y están intrínsecamente entrelazadas en todo lo que hacemos. A menudo descansan justo bajo la superficie y a veces son difíciles de leer o de entender en los adultos, ya no digamos en los niños. Cada año se gastan miles de millones de dólares en publicidad para crear o cambiar actitudes hacia determinados productos o actividades. Además, las actitudes son muy contagiosas. Como padre, sabes que los niños pueden desarrollar una perspectiva integral sobre la vida basándose en el último show de televisión o pasando tiempo con un amigo en particular. Las actitudes afectan a cómo vemos la vida y respondemos a ella.

Las actitudes se convierten en un problema cuando las emociones negativas afectan el comportamiento y las relaciones. No es malo sentirse mal, pero cuando actúas movido por esos sentimientos negativos, las personas acaban heridas. Los padres con frecuencia ven las malas actitudes de sus hijos cuando les dan instrucciones que es probable que no sigan. Esos niños puede que obedezcan, pero tienen una mala actitud durante el proceso.

A menudo una mala actitud proviene de un corazón enojado. Imagínate una cebolla con sus diversas capas. Cuando pelas una capa, aparece otra y otra hasta que llegas al centro de la cebolla. La ira es así. El indicador más obvio de la ira es la violencia física. Golpear, dar un portazo, pegar patadas y morder son modos en que la ira se demuestra.

Cuando los niños aprenden a controlar sus reacciones físicas, pelan esa capa, revelando la siguiente: palabras hirientes mediante el sarcasmo, burla o comentarios cínicos. Estas armas menos físicas pero igualmente dañinas son otro síntoma de la ira.

Puedes ir quitando capa tras capa de respuestas enojadas hasta que llegar a una muy importante: la mala actitud. Los niños no quieren ir a la cama, limpiar su habitación, dejar la computadora o ponerse los zapatos. Estás interrumpiendo su vida dándoles una orden, corrigiéndoles o diciéndoles que no. Por consiguiente, obtienes ira demostrada mediante una mala actitud.

Un enfoque para lidiar con las malas actitudes es usar el concepto del honor. Es importante enseñarles a los niños lo que significa el honor de forma práctica. Una mamá definió la actitud como «el corazón de cómo haces algo». La obediencia se demuestra en las acciones. El honor se demuestra en la actitud que acompaña a esas acciones.

Muchas veces los padres solo se enfocan en el componente conductual de la mala actitud. Dicen cosas como: «Deja de mirarme mal» o «Vuelve aquí caminando sin pisar fuerte». Recuerda que para lidiar con las malas actitudes con un enfoque basado en el corazón también querrás tener en cuenta otros dos componentes: las emociones y los errores de pensamiento.

Ambos ingredientes residen en el corazón. Los niños necesitan procesar sus emociones sin demostrar una mala actitud. Además, muchos niños creen cosas raras sobre la vida. Esas creencias incluyen: *cuando mi hermano está molestando, tengo derecho a pegarle* o *cuando me siento incómodo, tengo derecho a hacer sentir mal a los demás.* Cuando los niños creen este tipo de cosas, no es de extrañar que tengan una mala actitud. Toma las actitudes aparte y trabaja en ellas usando un enfoque multifacético. Entonces verás ajustes más significativos y duraderos.

Al identificar las malas actitudes en tus hijos darás el primer paso importante hacia el cambio: verás el problema. No va a satisfacerte permitir una mala actitud, aunque el trabajo se esté haciendo. Puedes decirle a tu hijo: «Espera un minuto. Tu actitud es un problema. Me gustaría que te sentaras un rato y te tranquilizaras, y después buscaremos un modo mejor de responder. Cuando estés listo para intentar una respuesta diferente, entonces seguiremos».

Explícales a tus hijos el valor de la buena actitud y el peligro de una actitud negativa en el trabajo o en la escuela. Una buena actitud es importante, y tu interacción en el hogar es un gran lugar para empezar a trabajar en ello.

Y recuerda siempre que la actitud y el honor son asuntos del corazón. En Mateo 15.8 Jesús dijo de los fariseos: «Este pueblo de labios me honra; mas su corazón está lejos de mí». En otras palabras: los fariseos se centraban en el comportamiento en vez de en sus corazones. Lo mismo es cierto a veces con los niños, y tu responsabilidad es enseñarles que su corazón es tan importante como sus acciones. El honor es importante, pero los niños no pueden mostrar honor solo de forma externa. También deben demostrarlo con una actitud positiva.

Las actitudes son una forma en que los niños pueden revelar que su corazón está en orden. Una mamá puso un letrero en la cocina que decía: «Las actitudes, buenas o malas, se revelan en tres áreas: cuando se da una orden, cuando se corrige y cuando se da un no por respuesta». Ella trataba de motivar a sus hijos a reconocer los escenarios peligrosos y emprender la acción adecuada.

Ayudar a los niños a lidiar con las malas actitudes no es fácil. Exige perspectiva de los padres en el corazón de sus hijos. Puede que a veces

49

*A veces los padres se sienten abrumados por las debilidades de
sus hijos. Los niños necesitan un montón de ayuda. Una de
las formas de mantener un enfoque positivo es reconocer que
los defectos que tus hijos muestran ahora pueden ser...*

BUENAS CUALIDADES DE CARÁCTER MAL USADAS

UNA MAMÁ NOS CONTÓ QUE SU HIJO TENÍA UNA SENSIBI-
lidad genuina por las necesidades de los demás. Era compasivo y se
preocupaba por los otros, y a menudo las cosas le afectaban mucho.
«Recuerdo una vez, cuando era más pequeño, que se echó a llorar cuando
vio una ambulancia a toda velocidad por la calle porque sabía que en su
interior había alguien herido. Él es muy solícito. Por desgracia, a veces
esta sensibilidad provoca que se vuelva taciturno o demasiado emocional,
haciendo pucheros o llorando al más mínimo problema». La cualidad
positiva es la sensibilidad, pero puede tener un lado negativo, volviendo
taciturno a un niño o propenso a estallidos emocionales.

Todos los niños tienen buenas cualidades de carácter que, cuando son
llevadas a un extremo, tienen un lado negativo. Un niño puede ser bastante
organizado, pero, si no se tiene cuidado, puede volverse inflexible en una
situación menos estructurada. Como dice el refrán: «Tu fortaleza puede ser
tu mayor debilidad».

Otra mamá vio que su hijo tenía la capacidad de trabajar duro en una
tarea sin distraerse. «Se concentra intensamente, con una determinación
auténtica a tener éxito». Esta cualidad de ser persistente puede ser un activo
real, pero a veces adopta la forma de la terquedad.

Cuando mires las debilidades de tus hijos, busca una cualidad del
carácter positiva que pueda estar siendo usada incorrectamente. Después
busca formas de equilibrarla con las demás cualidades del carácter. Alaba la
cualidad positiva y fomenta modos prácticos de lograr el equilibrio.

A continuación se muestran unas cuantas cualidades positivas más y como se revelan cuando se hace un mal uso de ellas:

CUALIDAD POSITIVA	SI SE USA MAL, LOS NIÑOS PUEDEN SER...
Habilidad de análisis	exigentes, mezquinos, críticos
Seguridad en sí mismo	orgullosos, autoritarios, insensibles, arrogantes, decididos a ser siempre el líder
Contentamiento	desmotivados, apáticos, perezosos
Valor	temerarios, insensatos, incapaces de ver las consecuencias de las acciones
Creatividad	engañosos, manipuladores, malos, propensos a hacer siempre las cosas a su manera
Determinación	testarudos, tercos, obstinados, discutidores, acosadores
Eficiencia	lentos en obedecer, inflexibles, exigentes, insistentes en tener las cosas de una manera determinada
Entusiasmo	intensos, insensibles, fanáticos, extremistas, amantes de las emociones fuertes
Expresividad	habladores, locuaces, dominadores de la conversación, pésimos oyentes
Pulcritud	perfeccionistas, inflexibles, reticentes a compartir

Identificar las cualidades que se usan mal no solo te alentará a ti como padre, sino que te ayudará a desarrollar una estrategia para la formación.

Armando nos contó esta historia: «Solía irritarme mucho la inflexibilidad de mi hijo. Si no le avisaba antes de cualquier tipo de cambio, se enojaba. Pero un día estaba hablando con otro padre que estaba frustrado porque la habitación de su hijo siempre estaba desordenada. Le mencioné que nosotros no teníamos ese problema en casa. Mi amigo quedó impresionado y me dijo lo afortunado que soy por tener un hijo pulcro. Fue entonces cuando me di cuenta de que la pulcritud de mi hijo y su incapacidad de ser flexible venían de la misma fortaleza de carácter. A él le gusta el orden, y cuando las cosas no están ordenadas, lo pasa mal.

»Aún necesito trabajar en la flexibilidad de mi hijo, y él tiene que ser capaz de dejarse llevar un poco más, pero ahora veo esta fortaleza del carácter y acabo menos frustrado cuando le disciplino. No quiero que se convierte en un dejado y renuncie a su orden. Solo quiero añadir algunas otras cualidades de carácter para que pueda disfrutar mucho más de su punto fuerte».

Armando tiene razón, y lo hará bien criando a su hijo en esta área. A veces es difícil disfrutar de alguien que es muy diferente. El apóstol Pablo reconoció esta verdad cuando observó la familia de Dios, la iglesia. Él vio que las personas tienen dones distintos y tienden a minimizar la importancia de las cualidades de los demás. Así que escribió este consejo en Romanos 12.6–8: «De manera que, teniendo diferentes dones, según la gracia que nos es dada, si el de profecía, úsese conforme a la medida de la fe; o si de servicio, en servir; o el que enseña, en la enseñanza; el que exhorta, en la exhortación; el que reparte, con liberalidad; el que preside, con solicitud; el que hace misericordia, con alegría».

Date cuenta de que, cuando aborda algunos de estos dones, Pablo recomienda una cualidad de carácter para ayudar a fortalecer el don. Este consejo para la iglesia tiene una aplicación similar para la familia terrenal.

Cuando reconozcas la fortaleza de un niño en un área del carácter, toma tiempo para demostrar tu admiración por ella. El reconocimiento tiende a enfocarse en lo que un niño hace y es importante en la vida familiar. La admiración se centra en quién es el niño y va directa al corazón. Cuando pasas tiempo admirando las fortalezas de un niño, ayudas a formar creencias sobre su persona. Esas creencias son importantes porque forman el modo en que un niño actúa y se desarrolla.

Puedes decir: «Hijo, eres una persona emocional. Creo que Dios te dio una cucharada adicional de emociones cuando te diseñó. Sé que ahora estás intentando trabajar en el control de tu ira, pero solo quiero que sepas que admiro tu sensibilidad emocional. Eres el tipo de persona que anima una fiesta y que puedes ver cómo se desarrolla un problema antes que los demás debido a las señales emocionales. Eso me gusta. Lo haces muy bien, y Dios va a usar eso en tu vida de manera poderosa, estoy seguro».

Ninguna fortaleza del carácter puede usarse como excusa para su debilidad correspondiente. Debemos ayudar a nuestros hijos a crecer y a hacer

50

*La familia extendida puede proporcionar un soporte
tremendo para la difícil tarea de criar a los hijos.
Así pues, asegúrate de considerar...*

El valor de los abuelos

Los abuelos satisfacen una necesidad especial en la vida de sus nietos. De hecho, los estudios muestran que los niños creen que los abuelos son muy importantes y valoran su relación con ellos. Además, la mayoría de abuelos encuentran que su rol es bastante gratificante.

La mayoría de padres reconocen la necesidad de tener a otros adultos involucrados en la vida de sus hijos. Los niños a menudo escuchan a otros líderes y autoridades, y los padres inconscientemente se benefician de la ayuda en la crianza. Los abuelos son una fuente de fortaleza excelente para los nietos. No solo existe el vínculo emocional, sino que también los abuelos tienen la capacidad de ayudar a los nietos a sentirse especiales y a abrazar los valores familiares. (Gran parte del mérito y aplausos deberían ir a los abuelos que están criando a sus nietos hoy en día. En un momento de la vida en el que pensaron que sus días de paternidad habían terminado, de nuevo empiezan a enfrentar los retos de la paternidad con los niños más pequeños.)

La fuerza de la relación entre abuelos y nietos procede, en parte, del eslabón generacional que hay entre ellos. Los abuelos pueden amar a los niños, escuchar los informes, ofrecer sabiduría y amor, pero por lo general no están involucrados en el trabajo cotidiano de la crianza. Este factor contribuye a los beneficios relacionales significativos para la familia. Los abuelos a menudo pueden aportar su opinión sobre el modo de manejar las tensiones de la vida familiar, o darles a los niños una oportunidad para contar sus historias, tanto las buenas como las malas, a un oído atento y cariñoso.

Los abuelos a menudo son de apoyo en momentos de estrés en la vida de una familia. No solo se pueden ofrecer a hacerse cargo de los niños y darles un respiro a los padres que quieren pasar algún tiempo solos, sino que pueden ser un apoyo robusto en tiempos de crisis, como la pérdida de un ser querido, un divorcio o una separación.

Si las relaciones entre tú y tus padres o suegros son tensas, la llegada de un nuevo hijo puede ser el puente necesario para empezar a sanar las heridas. De hecho, muchas mamás y papás han aprendido a valorar los esfuerzos de sus propios padres a medida que los problemas de la paternidad revelan que criar hijos no es tan fácil como parece.

En ocasiones puede que te frustres con tus padres y el modo en que interactúan con tus hijos. La indulgencia excesiva es una de las quejas más frecuentes que los padres tienen acerca de la relación abuelos/nietos. Puede que debas establecer algunos límites respecto a los regalos o enseñarles a tus hijos cómo manejar las posesiones en esas situaciones, pero no te pierdas el gran beneficio que se está desarrollando. Los niños pueden aprender gratitud y fomentar modos no materialistas de construir relaciones. Por supuesto, a los abuelos les encantan las tarjetas de felicitación, los mensajes en video y en especial los dulces caseros mucho más que los regalos monetarios, de todos modos.

Los abuelos son personas. Eso significa que tienen su propio conjunto de fortalezas y debilidades. No pases mucho tiempo deseando que tus padres o tus suegros fuesen distintos. Busca formas de aprovechar lo bueno y minimizar lo malo. Esto ayudará a tus hijos.

Cuando sea posible, recurre a tus padres y suegros en busca de fortaleza, información y sabiduría. Pueden ser un paliativo del estrés para los niños frustrados, árbitros en un desacuerdo y un ferviente apoyo para proporcionar aliento incluso en momentos de fracaso. Los abuelos pueden ser guardianes, identificar las debilidades en padres e hijos así como los peligros inminentes. Pueden ser historiadores de la familia y ofrecer relatos que pueden enseñarles lecciones importantes a los niños.

A los abuelos a menudo les encanta bromear y jugar, traer sorpresas y llevarse a los niños en viajes especiales. Muchos niños recurren a los abuelos como un lugar seguro al que pueden ir en busca de consejo. Los abuelos pueden ofrecerles a sus nietos perspectiva acerca de lo que es el crecimiento y la madurez. En resumen, los abuelos se convierten en una fuerza estabilizadora dentro de la familia.

Los niños a menudo no entienden la complejidad de las debilidades de los abuelos, y no tienes que dar más detalles. Solo busca modos de usar a los abuelos para fortalecer las cosas que ya estás haciendo con tus hijos. Es sorprendente lo poderosas que resultan las palabras, los regalos y el estímulo de los abuelos. Esas cosas pueden mandar un mensaje que le diga al niño: «Eres parte de algo mayor. Formas parte de una familia, y continúas un legado a medida que creces y te conviertes en la persona que Dios quiere que seas».

Génesis 48.1–22 cuenta la bellísima historia de José llevando a sus dos hijos a su padre para que los bendijera. En el versículo 9 el abuelo dice: «Acércalos ahora a mí, y los bendeciré». A medida que la historia continua, la bendición del abuelo significó mucho para aquellos chicos, y Dios la usó también en su futuro. Si tus padres son creyentes, pídeles periódicamente que oren por tus hijos y con tus hijos. Impartir una bendición espiritual sobre ellos les deja una herencia que proviene no de un linaje terrenal, sino de uno celestial.

Los niños se benefician grandemente de sus abuelos, y tú puedes hacer mucho por animar a los niños a pasar tiempo con ellos. A menudo son la bendición escondida en la familia. Toma tiempo para cultivar esas relaciones. Tus hijos serán mejores por ello.

Conclusión

De vez en cuando, después de escucharnos impartir un seminario sobre la paternidad, un padre angustiado se levanta y dice: «Ojalá hubiera tenido antes esta información. ¿Es demasiado tarde? Creo que he echado a perder a mis hijos». Hace poco una madre formuló esta pregunta, y yo (Scott) le dije: «¿Cuántos años tienen tus hijos?».

«Seis y siete», contestó.

Yo sonreí y amablemente le conté que nunca es demasiado tarde.

Aquí tenemos a una mamá de niños relativamente pequeños, preguntándose si había dejado pasar la oportunidad. La ayudé a darse cuenta de que nunca es demasiado tarde para ayudar a los niños a crecer. De hecho, muchos padres siguen tratando de influir en sus hijos adultos hacia la madurez y la sabiduría.

Cuando conduces por una autopista, ves que hay líneas en el asfalto para mantenerte en tu carril. Esas líneas son útiles porque te permiten evitar accidentes y seguir avanzando en la dirección correcta. De modo similar, una filosofía bíblica de la paternidad te ayuda a mantenerte centrado y animado mientras viajas por el camino de la paternidad. Esto es especialmente útil en los días difíciles, pero incluso los días buenos pueden ocasionar que los mejores padres se desvíen un poco del rumbo previsto. Hacer pequeños ajustes y comprobar el mapa continuamente para asegurarte de que vas en la dirección adecuada es importante.

Espero que hayas seguido nuestro consejo en la introducción de este libro y hayas empezado a crear una lista de COSAS POR HACER y una lista PARA PENSAR mientras leías los capítulos. Esas ideas te ayudarán a darte perspectiva. A medida que implementes tus ideas, es probable que encuentres resistencia. Solo recuerda que la vida cristiana es una experiencia diaria, y que el cambio tiene lugar con el tiempo. Tu trabajo no es provocar un cambio instantáneo en tu familia. Más bien, quieres confiar en Dios cada día por las oportunidades que provocan el cambio que él desea. Dios le da su gracia a padres e hijos a lo largo del camino. A veces solo tienes que permanecer debajo del grifo de la gracia de Dios durante un rato para recargarte y capacitarte para seguir adelante.

Piensa en tu familia como si estuvieran en una terapia. Creemos que tú, el progenitor, eres el mejor terapeuta para tus hijos, si tienes un buen plan. Con suerte, en el curso de este libro habrás podido formular una idea más clara de cómo es ese plan para ti. Ahora ora para que Dios te ayude a afinar el plan y empieza a ponerlo en práctica. Trabaja en tu plan con el tiempo y confía en que Dios lo usará para lograr la plenitud que anhelas para ti y para tus hijos.

La terapia conlleva trabajo. Si necesitas terapia física para tu hombro eso significa que la actividad normal que haces no es suficiente. Es probable que el mismo concepto se aplique a tu familia. No solo cambiarás la forma en que haces las cosas, sino que tendrás que practicar las nuevas respuestas. Puede que no parezcan cómodas o productivas al momento, pero, sabiendo que estás haciendo lo correcto y encaminado en la buena dirección, hazlas de todos modos.

Pero no deposites tu confianza en una persona, o un libro, o ni siquiera una filosofía de la paternidad. Tu esperanza debe estar en Dios mismo. Isaías 40.31 dice: «Pero los que esperan a Jehová tendrán nuevas fuerzas; levantarán alas como las águilas; correrán, y no se cansarán; caminarán, y no se fatigarán». Es tu esperanza en el Señor lo que seguirá haciéndote avanzar y te capacitará para la tarea de la paternidad cuando lleguen los desafíos. Permanece centrado y disfruta del viaje, no solo del destino, mientras sigues creciendo en tu propia relación con Jesús y en las relaciones con tu familia.

A veces los maestros bienintencionados, con el fin de motivarte a pasar tiempo positivo con tus hijos cuando son pequeños, dicen: «Tienes que amar y afirmar tus hijos a una edad temprana porque el concepto de sí mismos termina de desarrollarse cuando tienen cinco años». ¿Pero qué pasa si tu hijo tiene seis? ¿Eso significa que ya es demasiado tarde? Otros dicen: «Tienes que trabajar duro para enseñarles creencias a tus hijos a una edad temprana porque su cosmovisión está completamente desarrollada a los doce años». Eso tiene sentido, ¿pero qué pasa si tu hijo tiene trece años? ¿Has perdido la oportunidad?

Aunque estos maestros tienen buenas intenciones, están confiando en un modelo humanista del desarrollo del niño. Por otro lado, una filosofía bíblica de la paternidad reconoce que Dios cambia a las personas a cualquier edad. Él cambia a niños de cinco y seis años, de doce y de trece. Él incluso cambia a las personas de treinta y cinco, cuarenta y cinco e incluso mayores. Dios puede cambiarnos a todos nosotros independientemente de nuestra edad.

¿Y dónde lleva a cabo Dios esta tarea? Lo hace en el corazón. Cuando le pides a Jesús que entre en tu vida, levanta la persiana y deshecha el viejo sistema de valores, creando uno completamente novedoso.

Uno de los muchos beneficios de un enfoque de la paternidad basado en el corazón es que puedes empezar a cualquier edad. Al apelar al corazón estás trabajando en el sistema operativo del niño, y los grandes cambios pueden suceder cuando padres e hijos trabajan en esas cuestiones.

Dios cambió al apóstol Pablo de alguien que luchaba y mataba a los cristianos a un hombre que les cuidó con amor y ganó muchos conversos a la fe. No te rindas nunca con tus hijos. Ellos necesitan que creas en ellos y en que Dios continuará la obra que empezó.

Aunque hayas cometido errores importantes en el pasado, no te rindas ni te flageles. Haz tu trabajo de crianza lo mejor que puedas ahora. Pídele a Dios que puedas seguir creciendo y que te ayude a convertirte en el progenitor que él quiere que seas. Dios se deleita en volver los corazones de los padres hacia sus hijos y los corazones de los hijos hacia sus padres. De hecho, según Malaquías 4.6, esa es una señal del final de los tiempos: «Él hará volver el corazón de los padres hacia los hijos, y el corazón de los hijos hacia los padres».

Dios creó la familia para ser un laboratorio para el crecimiento tanto para los padres como para los hijos. De hecho, muchos padres, al parecer, aprenden más de sus hijos que al revés. No hay nada como tener hijos para enseñar paciencia, gestión de la ira, autocontrol y perseverancia. ¡Es una buena cosa que no tengas que ser un experto de la paternidad para criar niños!

Una de las mejores cualidades que los padres necesitan es la disposición a ser enseñables. Si siempre estás aprendiendo y creciendo, serás capaz de ser flexible con los desafíos de tus hijos, adaptarte a la etapa de desarrollo y hacer los cambios parentales necesarios para seguir el ritmo de tus hijos.

Una de las razones por las que Dios les dio padres imperfectos a los hijos es para que todos anhelásemos ser el Progenitor perfecto. ¿No es interesante que Dios haya usado la imagen de la familia para describir el tipo de relación que quiere tener con nosotros? Él quiere convertirse en nuestro Padre celestial. De hecho, ese es el elemento más importante que cualquiera pueda adoptar en una filosofía bíblica de la paternidad.

Si aún no has confiado en Jesucristo como tu Salvador personal, por favor, considera tomar esa decisión hoy. Tú quieres llegar a conocer a Dios como Padre, no como un Dios distante lejos de tu alcance. Dios quiere caminar contigo a través de los desafíos de tu vida cada día. Todo empieza confiando en Jesús como tu Señor y Salvador.

Como dijimos antes, la paternidad es el trabajo más duro del mundo. Todos necesitamos toda la ayuda que podamos obtener. Llegar a conocer a Dios como tu Padre celestial ofrece todo tipo de recursos espirituales necesarios para la crianza. Cuando te sientas desanimado por el largo camino que tú y tus hijos tienen que recorrer, recuerda las alentadoras palabras que Pablo les dio a los corintios: «El cual también os confirmará hasta el fin, para que seáis irreprensibles en el día de nuestro Señor Jesucristo» (1 Corintios 1.8).

Nunca es demasiado tarde para influir en tus hijos. Sigue orando y disfruta de la esperanza que Dios nos da a todos. Es su trabajo cambiar a las personas.

Índice

Acerca de los autores

El doctor Scott Turansky y la enfermera titulada Joanne Miller son los fundadores del National Center for Biblical Parenting [Centro Nacional para la Paternidad Bíblica]. Su enfoque de la paternidad basado en el corazón está revolucionando a las familias. En vez de confiar en la simple modificación del comportamiento, ellos proporcionan herramientas de buenas prácticas que tienen una eficacia mucho mayor para un cambio duradero. Son los autores y editores de numerosos libros, planes de formación para padres y programas para hijos diseñados para fortalecer a las familias. Turansky y Miller también son los fundadores de la Biblical Parenting University, proporcionando a los padres un fácil acceso a la capacitación parental por medio de cursos en línea. Trabajan con el movimiento 4/14 Window para ayudar a padres de todo el mundo a que pasen su fe a sus hijos y movilizando a las iglesias para equiparlos.

biblicalparenting.info
biblicalparentinguniversity.com
TakeTheFamilyChallenge.com
Email: parent@biblicalparenting.org